Young Seaon Park

Comércio internacional de bens culturais

Young Seaon Park

Comércio internacional de bens culturais

Um estudo empírico sobre a vaga coreana

ScienciaScripts

Imprint

Any brand names and product names mentioned in this book are subject to trademark, brand or patent protection and are trademarks or registered trademarks of their respective holders. The use of brand names, product names, common names, trade names, product descriptions etc. even without a particular marking in this work is in no way to be construed to mean that such names may be regarded as unrestricted in respect of trademark and brand protection legislation and could thus be used by anyone.

Cover image: www.ingimage.com

This book is a translation from the original published under ISBN 978-3-659-85136-0.

Publisher:
Sciencia Scripts
is a trademark of
Dodo Books Indian Ocean Ltd. and OmniScriptum S.R.L publishing group

120 High Road, East Finchley, London, N2 9ED, United Kingdom
Str. Armeneasca 28/1, office 1, Chisinau MD-2012, Republic of Moldova, Europe
Printed at: see last page
ISBN: 978-620-3-61084-0

Conteúdo

I. Introdução

1. Antecedentes e importância dos problemas

Na altura em que este trabalho foi concebido, a maioria dos países asiáticos reconhecia o impacto significativo das influências culturais coreanas manifestadas pelas populares telenovelas, filmes e canções de grande sucesso coreanos. O fenómeno foi denominado "Onda Coreana" pelos meios de comunicação social e pela população em geral. A súbita ascensão da Onda Coreana alterou a imagem da Coreia entre os países asiáticos e, por conseguinte, a Coreia beneficiou de enormes vantagens, exportando um grande volume de bens culturais, atraindo mais turistas e, eventualmente, vendendo mais produtos, como produtos de beleza e bens de consumo, aos países vizinhos.

Há apenas seis décadas, após 35 anos de colonização japonesa e da Guerra da Coreia que se seguiu, a Coreia era um dos países mais pobres do mundo. No entanto, graças às astutas políticas governamentais de desenvolvimento económico e aos árduos esforços do seu povo, a Coreia é atualmente uma das potências económicas do mundo. Um dos factores que contribuíram para o desenvolvimento económico da Coreia foi a sua política de promoção das exportações. Depois de se estabelecerem com êxito no mercado interno através do apoio financeiro do governo e de tecnologias emprestadas do estrangeiro, algumas empresas coreanas, como a Hyundai Motors, a Samsung Electronics, a LG Electronics e a POSCO, começaram a vender os seus produtos no estrangeiro.

Enquanto a Coreia se dedicava à venda de produtos manufacturados no estrangeiro, nunca passou pela cabeça dos coreanos que os seus conteúdos culturais, como as telenovelas e as canções, também pudessem ser bem vendidos no estrangeiro. [st]No entanto, na viragem do século XXI, países vizinhos como o Japão, a China e Taiwan começaram a transmitir telenovelas coreanas e a "onda coreana" tornou-se uma realidade. Atualmente, muitos dos artistas coreanos tornaram-se conhecidos no estrangeiro. Por exemplo, depois de um drama televisivo extremamente popular, "Winter Sonata", ter ido para o ar em 2002 no Japão, o ator principal, Bae Yong-Joon, ganhou uma enorme base de fãs no Japão, que o tratam pela alcunha honorífica de "Yon-sama", que significa "Imperador Yon". Mais recentemente, o vídeo musical viral "Gangnam Style", carregado no YouTube em 2012, deu ao cantor PSY fama e reconhecimento internacionais. A indústria alimentar coreana também beneficia da onda coreana. Por exemplo, após o enorme sucesso do drama televisivo "Jewel in the Palace (Tae jang gum)", que aborda a comida tradicional coreana e os tratamentos médicos, mais estrangeiros tentaram provar a comida coreana.

Os êxitos tão impressionantes dos dramas televisivos e da música coreanos na Ásia Oriental e, em certa medida, em todo o mundo, chamaram a atenção do autor não só para este fenómeno específico, mas também para o comércio de produtos culturais em geral.

A maior parte das teorias tradicionais do comércio e das suas aplicações centraram-se no comércio de bens manufacturados e deram pouca atenção ao comércio de bens imateriais. A parte difícil da investigação sobre o comércio de bens culturais é a dificuldade em adquirir dados completos e relevantes adequados aos objectivos do estudo. Como o termo "intangível" implica, as estâncias aduaneiras de cada país não podem medir corretamente o volume dos bens culturais que atravessam as suas fronteiras. Apesar destes obstáculos, este trabalho tenta abordar várias questões importantes do comércio de bens culturais utilizando dados autênticos.

2. Âmbito do estudo

Ao tratar de questões importantes do tema, o estudo tenta utilizar os dados mais recentes disponíveis para análises quantitativas. O primeiro artigo utiliza dados de painel da exportação coreana dos conteúdos de radiodifusão entre 2001 e 2011, o segundo artigo analisa o índice de consulta das tendências do Google entre 2005 e 2013 e o terceiro artigo examina os dados dos turistas coreanos que saem do país, fornecidos pela Organização de Turismo da Coreia, que abrangem 53 países de destino entre 2004 e 2013.

Este trabalho examina as questões do ponto de vista da oferta coreana, em vez de analisar o conjunto dos países. Há várias razões que justificam a adoção desta abordagem. Em primeiro lugar, a vaga coreana é, em muitos aspectos, um fenómeno único e parece adequado tratar a questão como um estudo de caso e descobrir possibilidades de aplicação geral a outros países. Em segundo lugar, uma vez que cada país tem, se é que tem, um modo diferente de acumular e publicar dados sobre o comércio cultural, a limitação de dados obriga o autor a limitar o âmbito à Coreia. Por último, após o surgimento da vaga coreana, tanto as instituições governamentais coreanas como as indústrias privadas começaram a mostrar um interesse crescente em estudos associados ao comércio cultural.

3. Metodologia do estudo

Para as análises quantitativas do comércio de bens culturais, os artigos do livro adoptam os modelos de gravidade aumentada. O modelo gravitacional tem sido habitualmente utilizado nas análises empíricas do comércio internacional porque é fácil de implementar e produziu resultados robustos em economia (Leamer e Levinsohn 1995, Head e Mayer 2014).

O modelo tradicional da gravidade adoptou o conceito da Lei da Gravitação de Newton. A força gravitacional entre dois objectos é proporcional ao tamanho da massa de cada objeto e inversamente proporcional ao quadrado da distância entre eles. Tinbergen (1962) foi o primeiro economista a utilizar a gravidade para explicar os fluxos comerciais internacionais. A forma intuitiva inicial de compreender os fluxos comerciais é expressa da seguinte forma:

$$\log X_{ij} = c + b_1 \log GDP_i + b_2 \log GDP_j + b_3 \log \tau_{ij} + e_{ij}$$

$$\log \tau_{ij} = \log\left(distance_{ij}\right)$$

Onde X_{ij} indica as exportações do país i para o país j, o PIB é a produção interna bruta de cada país, τ_{ij} são os custos comerciais entre os dois países representados pela distância geográfica, e_{ij} é um termo de erro. Investigações posteriores melhoraram a adequação da teoria tradicional, incluindo indicadores de fricção comercial como a língua comum, a fronteira comum, a experiência colonial e a religião.

O problema do modelo gravitacional tradicional reside no facto de não explicar as influências de países terceiros no comércio bilateral. No seu artigo seminal "Gravity with Gravitas", Anderson e van Wincoop (2003) desafiaram o modelo gravitacional tradicional introduzindo o conceito de resistência multilateral.

Para construir o modelo, partiram do pressuposto de que, do lado do consumo, os consumidores têm preferências de "gosto pela variedade" e, do lado da oferta, cada empresa produz bens diferenciados com rendimentos crescentes à escala.

A equação gravitacional deduzida por Anderson e van Wincoop (2003) é a seguinte

$$x_{ij} = \frac{y_i y_j}{y_w} \left(\frac{\tau_{ij}}{\Pi_i P_j} \right)^{1-\sigma}$$

em que x_{ij} representa as exportações do país i para o *país j*, y_i e y_j são os PIBs de cada país, y_w é o PIB mundial, τ_{ij} é o custo bruto do comércio bilateral, $\sigma > 1$ é a elasticidade de substituição e Π_i e P_j representam as variáveis de resistência multilateral externa do país i e interna do país j, respetivamente.

Como mostrado por Shepherd (2014), tomando os logaritmos de todas as variáveis, a equação acima pode ser transformada da seguinte forma:

$$\log X_{ij} = C + F_i + F_j + (1 - \sigma)[\log \tau_{ij}]$$
$$C = -\log Y$$
$$F_i = \log Y_i - \log \Pi_i$$
$$F_j = \log Y_j - \log P_j$$
$$\log \tau_{ij} = \log Dist_{ij}$$

O primeiro termo, C, é igual ao PIB mundial mas, para efeitos de estimativa, pode ser um coeficiente porque é constante em todos os exportadores e importadores. O termo seguinte, F_i, é a abreviatura de um conjunto completo do PIB do exportador e da resistência ao exterior. Adoptando a mesma abordagem, F_j é um conjunto completo do PIB do importador e da resistência interna. $log\tau_{ij}$ é a soma das variáveis de custo, como a distância entre o país i e o país j.

A questão é como medir as variáveis de resistência multilateral. Anderson e van Wincoop (2003) sugeriram um sistema complicado que tem de ser programado à medida para incorporar os custos de transporte que, por sua vez, são obtidos a partir do valor estimado da distância e de outros efeitos de fronteira. Uma vez que a estratégia de estimação de Anderson e van Wincoop requer uma programação personalizada para efetuar a minimização condicionada, a abordagem alternativa, efeitos fixos, tornou-se um método de estimação popular (Feenstra 2004).

Embora Anderson e van Wincoop (2003) se destaquem, existem outros modelos teoricamente fundamentados. Por exemplo, Helpman et al. (2008) desenvolvem uma equação semelhante à da gravidade com base num modelo de comércio que pressupõe a produtividade heterogénea das empresas.

Quanto à estimativa da equação gravitacional, o método OLS com efeitos fixos é coerente com a teoria. No entanto, se houver uma correlação entre uma variável e o termo de erro, o primeiro pressuposto do método OLS é violado. A econometria fornece uma técnica simples para lidar com estes problemas de endogeneidade. Uma variável instrumental que esteja correlacionada com a variável potencialmente endógena, mas não com o comércio, pode ser utilizada para resolver o problema e uma das técnicas mais simples é a dos mínimos quadrados em duas fases (TSLS), que consiste em efetuar o OLS duas vezes.

Recentemente, alguns estimadores alternativos do modelo gravitacional foram encontrados e utilizados com frequência. O estimador de Poisson pseudo maximum likelihood (PPML) de Santos Silva e Tenreyro (2006) apresenta uma forma simples de lidar com o problema da heteroscedasticidade. O PPML tem também algumas propriedades adicionais desejáveis. Em primeiro lugar, na presença de efeitos fixos, o PPML é consistente. Em segundo lugar, inclui as observações de valor comercial zero. Em terceiro lugar, segue o mesmo padrão que o OLS e a interpretação dos coeficientes é direta.

O estimador de seleção de amostras de Heckman é outro estimador que lida especialmente com dados de comércio zero. Os estudos mais recentes sobre o comércio internacional levam a sério os dados de comércio zero porque, sem tratar esta questão de forma adequada, pode haver um viés de seleção da amostra. Tendo em conta a heterogeneidade das empresas, Helpman et al. (2008) desenvolveram um modelo de comércio internacional que produz uma equação gravitacional com uma correção de Heckman (Heckman 1979).

4. Estrutura e publicações

O primeiro artigo aborda os determinantes da "Onda da Coreia", ou seja, os principais factores que contribuem para a popularidade dos bens culturais coreanos na Ásia. Na parte empírica, aplica o quadro gravitacional à exportação coreana de conteúdos de radiodifusão para os países asiáticos. As conclusões retiradas do modelo e da análise empírica podem alargar a compreensão da vaga coreana na perspetiva do desenvolvimento económico e da proximidade cultural.

O segundo artigo trata do efeito de criação de comércio da "Onda Coreana", com especial atenção para a exportação de cosméticos coreanos. Em vez de utilizar os dados do UN COMTRADE, como noutras investigações sobre estudos semelhantes, este artigo utilizou o índice de consulta do Google Trends com a palavra-chave "drama coreano" como variável de substituição para o comércio cultural. À medida que a utilização da Internet em todo o mundo aumenta, a utilização das pegadas acumuladas dos utilizadores no ciberespaço ganha ultimamente uma atenção significativa e os estudos académicos podem também tirar partido desse "Big Data".

Enquanto os dois artigos anteriores tratavam do comércio de bens culturais no contexto da "vaga coreana", o terceiro artigo alargou o âmbito à indústria do turismo. A análise dos dados adopta várias abordagens novas para esclarecer os aspectos multidimensionais dos turistas coreanos. Em primeiro lugar, a variável "países de destino" é dividida em dois grupos: OCDE e outros países.

Em segundo lugar, são comparados os períodos recentes e antigos para verificar se o fator distância desaparece com o passar do tempo na indústria do turismo. Em terceiro lugar, as questões de seleção de dados são tratadas com a utilização do modelo de Heckman.

Os três capítulos que figuram nesta obra foram publicados em revistas ou apresentados em conferências internacionais.

O primeiro artigo, "Trade in Cultural Goods: A Case of the Korean Wave in Asia" foi publicado no "Journal of East Asian Economic Integration".

O segundo artigo, "Does the Rise of the Korean Wave Lead to Cosmetics Export?", foi apresentado na ICBE2015 - 2015 International Conference on Business and Economics, tendo recebido o prémio "Distinguished Research Award" do presidente do comité de direção académica e foi posteriormente publicado no "Journal of Asian Finance, Economics and Business".

O terceiro artigo, "Culture, Distance, and Tourism: A Case of Korean Outbound Tourism" foi apresentado na ICETD2015 - 2015 5th International Conference on Economics, Trade and Development, com o título "Determinants of Korean Outbound Tourism" e posteriormente publicado no 'Journal of Economics, Business and Management'.

II. Comércio de bens culturais: O caso da vaga coreana na Ásia

Esta secção estuda os efeitos do desenvolvimento económico e da proximidade cultural como determinantes comuns do comércio de bens culturais num modelo dinâmico de seleção de preferências. Para a análise empírica, este estudo utiliza o quadro gravitacional com efeitos fixos do importador e estimadores de Poisson de verosimilhança pseudo-máxima. Este estudo aplica o modelo à exportação coreana de conteúdos de radiodifusão para países asiáticos. O desenvolvimento económico relativo do país exportador e a dimensão do mercado do país importador são determinantes importantes do comércio cultural, cujos resultados são geralmente consistentes com o comércio de bens tradicionais. No entanto, a variável distância não apresenta grande significado, reflectindo as caraterísticas únicas do comércio de bens culturais.

1. Introdução

A cultura e as indústrias culturais podem ser definidas de muitas formas. De acordo com as informações da Wikipédia sobre "Economia das artes e da literatura", a maioria das obras de arte cultural, como livros, gravações e filmes, são reproduzíveis e caracterizam-se pela incerteza do valor, variedade infinita, elevada concentração em produtos comerciais, ciclo de vida curto e custos fixos elevados.

As teorias tradicionais sobre o comércio internacional têm-se preocupado sobretudo com o comércio de produtos em geral, ignorando as caraterísticas únicas dos produtos culturais, como os aspectos intangíveis, os custos mínimos de transporte e a seleção de preferências. Só recentemente é que alguns economistas começaram a prestar atenção ao comércio de bens não tradicionais, nomeadamente ao comércio de serviços.

Uma vez que o comércio de serviços e o comércio de bens culturais partilham, em parte, caraterísticas comuns, vale a pena mencionar alguns estudos sobre o comércio de serviços. Grunfeld e Moxnes (2003) estudam os factores determinantes do comércio de serviços e das vendas de filiais estrangeiras utilizando um modelo gravitacional e dados da OCDE. Os seus resultados revelam que o padrão geral dos efeitos do modelo gravitacional também se aplica aos serviços. A dimensão económica dos dois países está positivamente relacionada e a distância entre eles está negativamente relacionada.

Kimura e Lee (2004) também aplicam o quadro gravitacional padrão ao comércio de serviços. Concluíram que, em comparação com o comércio de mercadorias, a distância entre países é mais importante no comércio de serviços. A comparação de Lejour e de Paiva Verheijden (2004) entre o comércio de bens e serviços entre o Canadá e a UE mostra que a distância é menos importante para os serviços do que para os bens.

O número de estudos sobre o comércio cultural é muito reduzido e tem-se limitado a aspectos teóricos da identidade cultural. Janeba (2004) estuda os efeitos da liberalização do comércio na identidade cultural e mostra que a diversidade cultural no mercado nacional nem sempre é benéfica no caso do comércio livre.

Rauth e Trindate (2005) estudam a vertente de consumo do comércio utilizando as externalidades de rede do consumo. O conceito de externalidades de rede teve origem na indústria das TI e foi amplamente incorporado na modelização económica após o trabalho pioneiro de Kats e Shapiro (1985). Rauth e Trindate (2005) combinam o modelo do efeito do mercado interno de Helpman e Krugman (1985) no lado da oferta e as externalidades da rede de consumo no lado da procura para explicar por que razão alguns bens culturais dominam noutras culturas. Um exemplo interessante é o estilo de vestuário da região tropical. Devido à influência cultural ocidental, vemos milhões de homens de negócios e trabalhadores de escritório tropicais com gravatas no pescoço, apesar das condições climatéricas inadequadas.

Enquanto os trabalhos de investigação acima referidos se preocupam puramente com a modelação teórica, Felbermayr e Toubal (2010) centram-se mais na relação empírica entre a proximidade cultural e o comércio internacional. No seu trabalho de investigação, Felbermayr e Toubal utilizam o Festival Eurovisão da Canção (ESC) como indicador de laços culturais. O Festival Eurovisão da Canção (ESC) é um grande espetáculo televisivo pan-europeu, no qual cada artista de um país participante interpreta uma canção. Os outros países classificam essas canções e o vencedor é selecionado em conformidade. O documento sugere que os resultados do ESC reflectem significativamente a proximidade que cada país tem em relação aos outros países europeus. Depois de definirem o CES como um laço cultural de substituição, concluíram que existe, de facto, uma relação significativa entre os resultados do CES e o comércio internacional. Embora a sua investigação destaque a importância da proximidade cultural no comércio internacional, não aborda o comércio de produtos culturais nem a mudança dinâmica das preferências.

Blum e Goldfarb (2005) analisam dados sobre as actividades na Internet dos consumidores americanos em sítios Web não americanos. Mostram que o comércio de bens puramente digitais é significativamente reduzido pela distância física, pelo que os custos do comércio não podem explicar inteiramente os efeitos da distância sobre o comércio. Seguindo os estudos de Rauch (1996, 1999), concluíram também que, mesmo no comércio de bens digitais, a distância é mais importante para os produtos diferenciados do que para os produtos homogéneos.

Disdier, et al (2010) investigam os factores determinantes do comércio bilateral de bens culturais. Utilizaram os dados COMTRADE das Nações Unidas e concluíram que a distância, a fronteira comum, a língua comum e os laços coloniais apresentam todos um significado estatístico no comércio cultural. Disdier, et al (2010) também utilizaram o comércio de bens culturais como indicador da proximidade cultural dos países e descobriram uma influência positiva e significativa dos fluxos culturais no comércio global. O inconveniente da sua investigação é o facto de os dados do COMTRADE das Nações Unidas que utilizaram não incluírem uma grande parte do comércio de bens culturais devido à natureza intangível dos bens culturais, pelo que a utilidade do resultado é limitada.

A investigação sobre o comércio cultural é bastante ativa entre os académicos coreanos devido à notável popularidade dos bens culturais coreanos entre os países asiáticos nos últimos anos. Os estudos dos economistas coreanos centram-se sobretudo no efeito de difusão comercial da "onda coreana" (ver, por exemplo, Kang 2009, Choe e Park 2008, Kim 2012).

Ao contrário dos trabalhos da maior parte dos académicos coreanos, este estudo debruça-se sobre uma questão mais fundamental dos factores determinantes da "vaga coreana" - ou seja, quais são as principais razões pelas quais os aspectos culturais coreanos, como o estilo de vida, a alimentação, a história e a moda, receberam tanta atenção entre os países asiáticos na última década. Este estudo tenta explicar a "vaga coreana" no quadro geral do comércio cultural, adoptando o método de análise de dados no comércio de mercadorias.

Este estudo adopta e alarga o modelo de seleção de preferências de Bala e Van Long (2005). De acordo com o modelo, se uma economia for muito maior do que a outra, então, a longo prazo, a distribuição das preferências na pequena economia em regime de comércio livre seguirá a da grande economia. O modelo original de Bala e Van Long (2005) descreve um mundo de dois países e dois bens, enquanto o presente estudo o alarga a um mundo de três países e três bens. A vantagem desta extensão do modelo é o facto de se adequar bem à descrição do caso das exportações culturais coreanas. O rápido desenvolvimento económico da Coreia alterou a dinâmica típica do comércio entre pequenos países e grandes países.

Este estudo adopta um modelo econométrico de tipo gravitacional com o estimador de efeitos fixos do importador para a análise empírica e utiliza a exportação coreana de programas de radiodifusão como dados comerciais. Para além do estimador de efeitos fixos, o estimador de Poisson de máxima verosimilhança é também utilizado para verificação da robustez e para observações de comércio zero.

Uma vez que a informação comercial é um fluxo unidirecional da Coreia para vários países, a análise empírica centra-se nas condições de procura dos países importadores. São incluídos os regressores habitualmente utilizados nas equações de gravidade, como o PIB e a distância. A teoria e os resultados empíricos sugerem que o desenvolvimento económico da Coreia e a proximidade cultural com os países vizinhos são os dois factores importantes para a súbita popularidade dos bens culturais coreanos nos países asiáticos.

Os contributos do documento são uma reinterpretação dos aspectos dos bens culturais coreanos na perspetiva dos consumidores estrangeiros, a modificação do modelo económico de dois para três países e a utilização de dados autênticos.

A segunda secção do documento analisa o fenómeno da "Onda Coreana" em geral e as telenovelas em particular. A terceira secção apresenta o modelo e a sua extensão. A quarta secção descreve os dados selecionados. A quinta secção apresenta os estimadores empíricos e os resultados. A sexta secção apresenta as implicações da política governamental e a sétima secção apresenta as observações finais.

2. Onda coreana

Na última década, muitos países asiáticos registaram o aumento fenomenal da influência cultural coreana, denominada "Hallyu" ou "Onda Coreana", através de numerosos filmes, séries televisivas e canções. O termo "Hallyu" teve origem nos meios de comunicação social chineses no final da década de 1990, como Ш' para descrever a súbita popularidade das séries televisivas coreanas na China. Os filmes e as séries televisivas coreanas foram amplamente aceites pelos países vizinhos, como a China, Taiwan, Japão e, mais tarde, por muitos países do Sudeste Asiático.

Dois dos mais distintos dramas televisivos "Winter Sonata" e "Jewel in the Palace (Tae jang gum)" são particularmente dignos de menção. Originalmente produzida e transmitida na Coreia do Sul no inverno de 2002-03, Winter Sonata tornou-se um grande êxito, especialmente no Japão. Winter Sonata e o seu herói romântico Bae Yong Jun tiveram um impacto económico impressionante no Japão, gerando 1,1 mil milhões de dólares em 2004, sobretudo através da venda de artigos relacionados com o drama. A NHK, a empresa de radiodifusão que transmitiu o drama, vendeu 860 000 romances baseados no argumento do drama, 280 000 guias de programação, 150 000 DVDs e vídeos e mais de 1 milhão de cópias da banda sonora do drama (Kim e Ryoo, 2007).

"Jewel in the Palace (Tae jang gum)", que se passa num período histórico, atraiu particularmente o povo chinês, incluindo os de Taiwan e Hong Kong. Quando "Tae jang gum" foi para o ar em Taiwan, de maio a julho de 2004, por exemplo, tornou-se o programa mais visto da estação e quando foi para o ar na televisão de Hong Kong, de janeiro a maio de 2005, o seu episódio final foi registado como o programa de televisão mais visto na história de Hong Kong, com uma taxa de audiência superior a 40% (Kim e Ryoo, 2007). Mais tarde, "Jewel in the Palace" foi introduzido em áreas culturalmente remotas como a Europa, os países islâmicos do Médio Oriente e África, tendo gerado um interesse substancial pela cultura coreana.

A forma da Onda Coreana mudou visivelmente nos últimos anos. No início da década de 2000, era caracterizada por donas de casa de meia-idade dos países da Ásia Oriental que viam televisão e DVD. Recentemente, a música pop coreana, ou

K-Pop, tornou-se a caraterística mais marcante da Onda Coreana, sendo muito apreciada pelos adolescentes de todo o mundo. Por exemplo, o recente vídeo de dança "Kangnam Style" do cantor coreano PYS no sítio Web YouTube criou uma sensação internacional, atraindo mais de mil milhões de espectadores de todo o mundo.

Quadro 1, Exportação coreana de conteúdos culturais: 2009-2011

(Unidade: US$ milhões)

País	2009	2010	2011	Taxa (%)
China	581	749	1,118	27.0
Japão	664	803	1,247	30.1
Sudeste Asiático	458	672	796	19.2
América do Norte	388	404	468	11.3
Europa	217	267	325	7.8
Outros	126	157	189	4.6
Total	2,435	3,055	4,146	100

Fonte: Agência Coreana de Conteúdos Criativos (KOCCA)

Como resultado da Onda Coreana, várias indústrias coreanas, como o turismo e os produtos de beleza, obtiveram grandes benefícios. Por exemplo, 190 972 tailandeses visitaram a Coreia em 2009 e o número subiu para 309 143 em 2011 (Korea Tourism Organization 2013). Além disso, durante o período de cinco anos de 2006 a 2011, a exportação de cosméticos coreanos para cuidados com a pele para a Tailândia aumentou mais de 1000%, atingindo 52,2 milhões de dólares em 2011.

Um aspeto importante da vaga coreana é o facto de muitos produtos culturais coreanos de sucesso serem uma combinação de elementos asiáticos (tradição) e de sofisticação ocidental (modernidade), criando a sua própria singularidade. Por exemplo, o drama coreano de enorme sucesso "Winter Sonata" retrata valores há muito perdidos num cenário moderno, enquanto "Jewel in the Palace" é a história da ascensão social de uma mulher (modernidade) num contexto histórico (tradição). Uma coluna do Bangkok Post publicada na Tailândia captou claramente este aspeto dos produtos culturais coreanos.

"*Os seus produtos leves, da música aos filmes e programas de televisão, baseiam-se na estrutura do conteúdo cultural pop ocidental, digerindo-o, localizando-o, intensificando-o e reformatando-o para exportação e crescimento do PIB.*" (Bangkok Post 1 de setembro de 2012)

Os dados da Agência Coreana de Conteúdos Criativos (KOCCA) apresentados no quadro 1 mostram que a exportação coreana de conteúdos culturais cresce rapidamente todos os anos, atingindo 4,3 mil milhões de dólares em 2011. O Japão é o maior importador de conteúdos culturais coreanos, com 1,2 mil milhões de dólares em 2011. Os países asiáticos, incluindo o Japão, a China e o Sudeste Asiático, representam 76,3% do total das exportações de conteúdos culturais da Coreia em 2011.

Quadro 2, Exportação coreana de conteúdos culturais por sector: 2011

(Unidade: US$ mil)

	China	Japão	Sul Leste Ásia	Norte América	Europa	Outros	Total
Publicação	33,693	62,790	29,810	90,127	21,567	45,462	283,439
Desenho animado	662	6,639	2,643	1,766	5,457	46	17,213
Música	6,836	157,938	25,691	587	4,632	429	196,113
Jogo	907,296	652,556	428,277	181,255	152,369	56,325	2,378,078
Filme	1,628	3,663	1,646	1,673	3,522	3,697	15,829
Animação	1,659	21,688	1,183	59,397	28,556	3,458	115,941
Radiodifusão	21,268	105,058	38,432	3,562	1,479	2,139	168,940
Carácter	89,257	20,256	45,255	102,565	82,358	52,575	392,266
Conhecimento Informações	36,287	176,925	198,372	8,802	3,528	8,342	432,256
Solução de conteúdo	20,322	43,469	25,323	18,553	21,668	16,946	146,281

| Total | 1,118,908 | 1,247,982 | 796,632 | 468,287 | 325,126 | 189,419 | 4,146,356 |
| Taxa (%) | 27.0 | 30.1 | 19.2 | 11.3 | 7.8 | 4.6 | 100 |

Fonte: Agência Coreana de Conteúdos Criativos (KOCCA)

O quadro 2 mostra as exportações coreanas de conteúdos culturais por sector em 2011. A maior parte das exportações culturais provém da indústria dos jogos, que representa 57,3% do montante total das exportações. Outras indústrias de exportação importantes são as de informação sobre conhecimentos (10,4%), personagens (9,4%), publicações (6,8%), música (4,7%), radiodifusão (4,1%), solução de conteúdos (3,5%), etc.

Figura 1, Exportação coreana de programas de televisão: 2001- 2011

(Unidade: milhões de dólares)

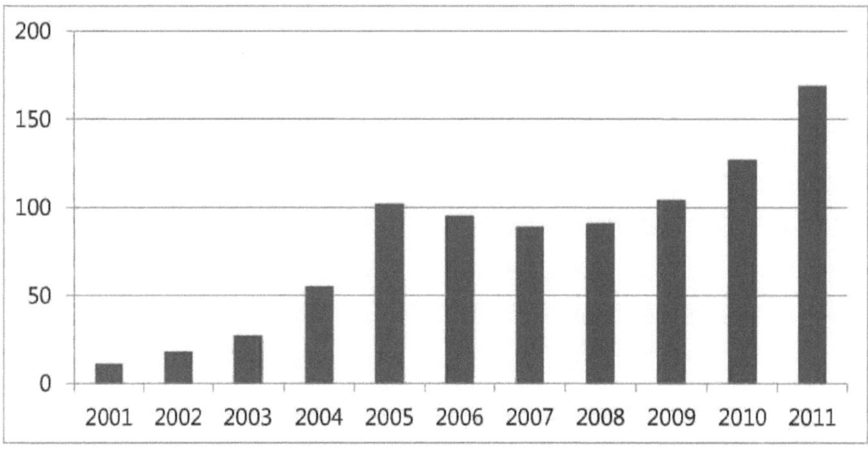

Fonte: Comissão de Comunicações da Coreia

A figura 1 mostra que a exportação total coreana de programas de televisão em termos de valor em dólares americanos durante os últimos onze anos (2001-2011) aumentou mais de 16 vezes, passando de 10,9 milhões de dólares para 168,9 milhões de dólares. Os programas de televisão incluem não só dramas, mas também documentários, animações e programas de espectáculos. A parte interessante da figura é o facto de o ano de pico de 2005 coincidir com a grande popularidade do drama televisivo "Jewel in the Palace (Tae jang gum)" em toda a região asiática.

A tendência de exportação acima referida é o resultado da procura crescente dos mercados existentes e de novos mercados. Por exemplo, a exportação coreana de programas de televisão para o Japão aumentou de 1,1 milhões de dólares em 2001 para 102 milhões de dólares em 2011, enquanto o número de países estrangeiros que importam conteúdos de radiodifusão coreanos superiores a 100 000 dólares aumentou de 8 países em 2001 para mais de 20 países em 2011.

Figure 2,   Quota de exportação coreana de programas de televisão por país (2011)

(Unidade: USD)

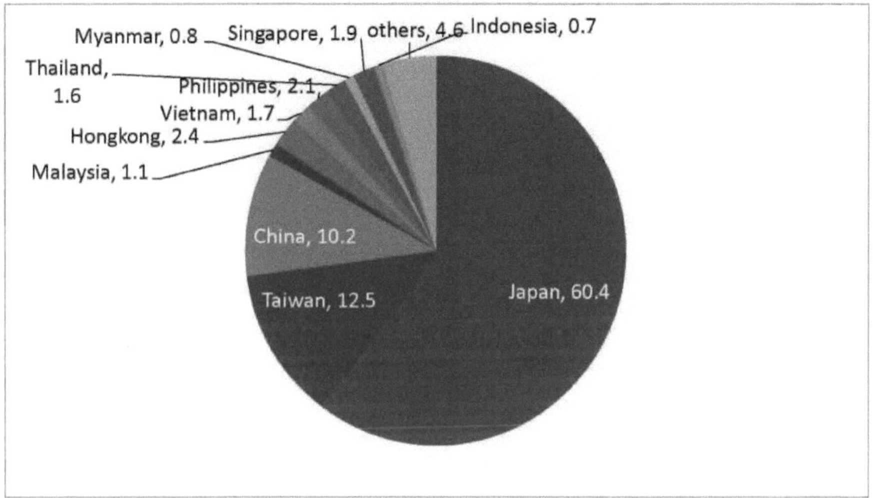

Fonte: Comissão de Comunicações da Coreia

As figuras 2 e 3 mostram a quota de exportação coreana de programas de televisão para cada país com base no valor em dólares e no número de programas em 2011, respetivamente. O Japão é o maior importador de programas de televisão coreanos, com uma quota de 60,4% em termos de valor em dólares e 36,1% em termos de número de programas de televisão.

A razão pela qual existem discrepâncias na quota de importação de cada país em termos de montante em dólares e de número de programas reside no facto de os preços de importação dos programas de televisão em cada país serem diferentes. O preço das mercadorias exportadas para os países com um PIB per capita mais

17

elevado tende a ser mais elevado do que para os países com um PIB per capita mais baixo. Para além do Japão e da China, os principais países importadores são Taiwan, Hong Kong e os países do Sudeste Asiático.

Figure 3, Quota de exportação coreana de programas de televisão por país (2011)

(Unidade: números de programa)

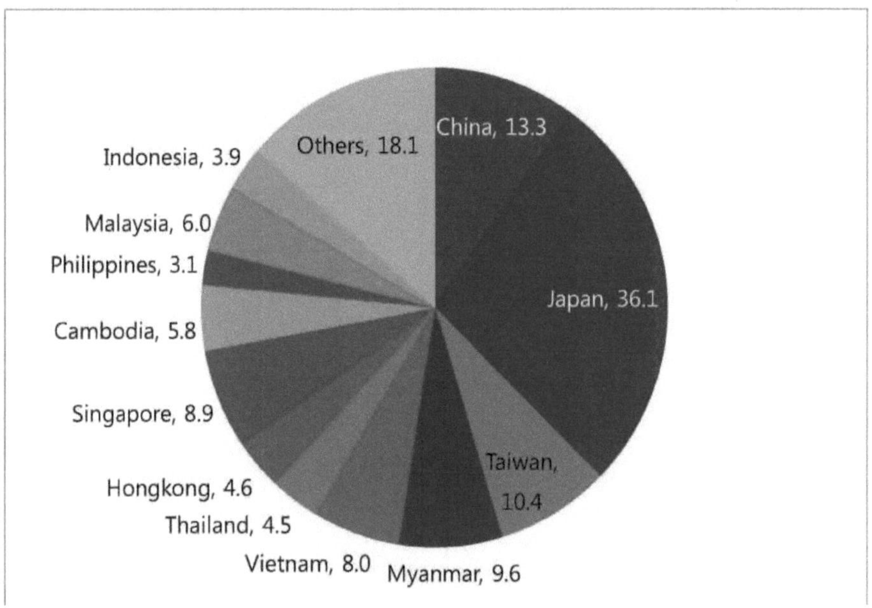

Fonte: Comissão de Comunicações da Coreia

3. Modelo

Esta secção adopta e amplia o modelo de seleção de preferências de Bala e Van Long (2005). O modelo baseia-se na alteração dos gostos ao longo do tempo devido a influências sociais e à formação de hábitos. O modelo apresenta uma formulação de equilíbrio geral, com o preço relativo no equilíbrio competitivo a influenciar a futura distribuição de gostos na sociedade como um todo. O aspeto desejável do modelo é o facto de explicar o processo de alteração das preferências dos consumidores ao longo do tempo de uma forma concetualmente simples.

O modelo começa por considerar uma economia fechada com dois bens (maçãs e bananas) e dois tipos de indivíduos (amantes de maçãs e amantes de bananas). No país de origem H, cada indivíduo nasce com um vetor de dotação $(1, k)$ (uma maçã e k bananas). No país estrangeiro F, cada indivíduo nasce com um vetor de dotação $(\delta, 1)$ (uma banana e δ maçãs). A população em H é $N_t = N$ e a população em F é $M_t = M$. O parâmetro $m = M/N$ reflecte a dimensão relativa do país F.

A evolução dinâmica para o país de origem em regime de autarquia é dada por

$$r^H_{t+1} = \frac{r_t^H}{r_t^H + \left(1 - r_t^H\right) p\left(r_t^H, k\right)}$$

em que r_t representa a proporção de apreciadores de maçãs na população no momento t e $p(r_t^H, k)$ é o preço de equilíbrio do mercado do país de origem em regime de autarquia. Se $k \geq k^B$, então, a longo prazo, em regime de autarquia, os apreciadores de bananas serão dominantes. Por outro lado, se $k \, E \, (k^A, k^B)$, então o país de origem apresentará preferências heterogéneas a longo prazo.

No caso do país estrangeiro isolado, a evolução neste país é dada por

$$r^F_{t+1} = \frac{r_t^F}{r_t^F + \left(1 - r_t^F\right) p\left(r_t^F, 1/\delta\right)}$$

em que $p(r_t^F, 1/\delta)$ é o preço de equilíbrio do mercado do país estrangeiro em condições de autarquia. Existem dois números positivos δ^A e δ^B tais que os rácios de preços de autossuficiência para os dois tipos de consumidores são

$$p^A(1/\delta^A) = 1 \text{ and } p^B(1/\delta^B) = 1$$

em que $\delta^A > 1 > \delta^B$. Se $\delta \geq \delta^A$, então, em regime de autarquia, a longo prazo, as preferências dos apreciadores de maçãs serão dominantes no país F. Se tivermos $k \geq k^B$ e $\delta \geq \delta^A$, a proporção de apreciadores de bananas no país de origem será próxima da unidade, enquanto a proporção de apreciadores de maçãs no país estrangeiro será próxima da unidade.

Seja $p^w (r^H, r^F, k, \delta, m)$ o preço de equilíbrio do mercado mundial, em que m é a dimensão relativa da população do país F. Nesta economia mundial, a dinâmica é dada por um sistema de duas equações de diferenças:

$$r^H{}_{t+1} = \frac{r_t^H}{r_t^H + \left(1 - r_t^H\right) p^w \left(r_t^H,\ r_t^F, k, \delta,\ m\right)}$$

$$r^F{}_{t+1} = \frac{r_t^F}{r_t^F + \left(1 - r_t^F\right) p^w \left(r_t^H,\ r_t^F, k, \delta,\ m\right)}$$

Para qualquer vetor inicial dado (rt^H, rt^F), existe um $m^* > 0$ tal que, se $m > m^*$, então, a longo prazo, só haverá apreciadores de maçãs em cada país.

A intuição subjacente à afirmação anterior é que, se o país estrangeiro dotado de uma grande quantidade de maçãs for muito maior do que o país de origem, o preço de equilíbrio das maçãs em condições de comércio livre será muito baixo e, consequentemente, os amantes da banana em ambas as economias desaparecerão. O modelo pode ser adotado para explicar a recente popularidade dos produtos culturais coreanos na região asiática. No entanto, este modelo pode ser alargado em alguns aspectos.

Em primeiro lugar, Bala e Van Long (2005) partem do princípio de que as mudanças evolutivas das preferências ocorrem ao longo de várias gerações, ao passo que o fenómeno da vaga coreana ocorreu num período de tempo relativamente curto. Para explicar a causa de tal mudança de consumo num curto espaço de tempo, partimos do princípio de que cada exposição à influência cultural altera e reforça a propensão do comportamento de cada consumidor ao longo da sua vida. O melhor exemplo é a exposição do consumidor a anúncios televisivos. Quanto mais os consumidores assistem a anúncios televisivos de uma determinada marca, mais se apercebem da marca e mais propensos ficam a comprar os produtos anunciados.

Em segundo lugar, para além da população e dos bens dotados, a dimensão da economia de cada país também pode ser considerada, uma vez que o PIB é um dos principais factores determinantes do comércio internacional.

Em terceiro lugar, em vez de um modelo de dois países e dois produtos, podemos considerar o caso de três países e três produtos. O modelo de três países pode explicar a transformação de um país economicamente pequeno num país grande e as consequentes mudanças nas interações dinâmicas entre países grandes, pequenos e de pequenos para grandes. Um produto adicional de caraterísticas mistas incorpora a caraterística do produto aceitável para consumidores com preferências diferentes.

Para a extensão do modelo, podemos considerar o caso de três países, X, Y e Z, em que a dimensão económica de Z é muito maior do que a de X e Y. Consideramos apenas dois períodos de tempo, t e $t+1$, para que a ideia possa ser apresentada de forma simples, mantendo o aspeto dinâmico do modelo. No período t, a proporção de apreciadores de banana em X e Y é próxima da unidade, enquanto a proporção de apreciadores de maçã em Z é próxima da unidade. No período t, Z exporta maçãs para X e Y porque a sua dimensão económica é muito maior do que a de X e Y, o que está de acordo com o modelo de Bala e Long (2004).

No período $t+1$, as preferências da geração mais velha de X e Y mantêm-se inalteradas, enquanto as da geração mais nova de X e Y se alteram, ou seja, passam a preferir maçãs a bananas. Assumimos que, durante o período t e $t+1$, a economia de Y cresce mais rapidamente do que a de X e Z. Assumimos também que, como a economia de Y cresce mais rapidamente do que a de outros países, a sua competitividade de produção também melhorou e, assim, Y pode agora exportar o seu próprio produto, latas mistas de maçãs e bananas, que é aceitável tanto para os amantes de maçãs como para os amantes de bananas. As alterações dos fluxos comerciais no período t e no período $t+1$ estão representadas na Figura 4 e na Figura 5.

Na figura 4, o fluxo do comércio internacional no período t

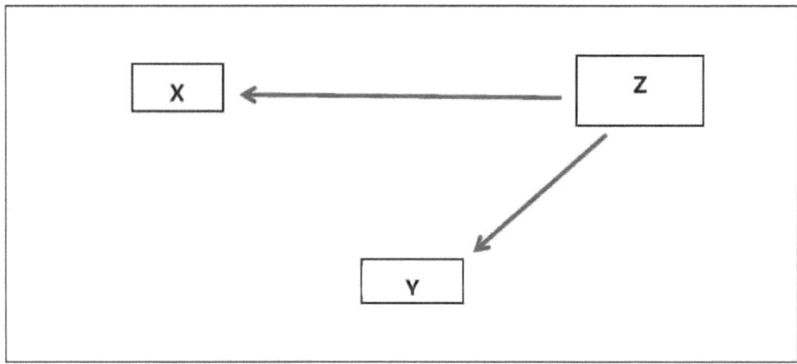

Figura 5, o fluxo do comércio internacional no período *t+1*

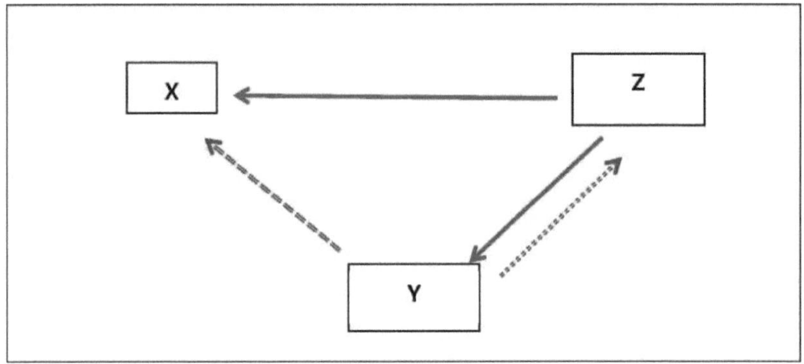

A evolução dinâmica das preferências do país X em regime de autarquia é dada por

$$r^X_{t+1} = \frac{r_t^{X}}{r_t^{X} + \left(1 - r_t^{X}\right) p\left(r_t^{X}, k\right)}$$

em que $p(r_t^x, k)$ é o preço de equilíbrio do mercado do país X em regime de autarquia.

Seja p^w $(r_t^x, r_t^Y, r_t^Z, k, \delta, \varepsilon, m, g)$ o preço mundial de equilíbrio do mercado, em que ε é a oferta relativa de lata mista de maçã e banana do país Y e g é a dimensão económica relativa dos países Y e Z. k e δ são a proporção relativa de maçãs e bananas, tal como no modelo original. Neste mundo de economia de comércio livre, a evolução dinâmica das preferências do país X é dada por

$$r^X_{t+1} = \frac{r_t^{X}}{r_t^{X} + \left(1 - r_t^{X}\right) p^{w}\left(r_t^{X}, r_t^{Y}, r_t^{Z}, k, \delta, \varepsilon, m, g\right)}$$

Para qualquer vetor inicial dado (r_t^X, r_t^Y, r_t^Z), existe um $g^* > 0$ tal que, se $g^Y > g^*$, então, a longo prazo, haverá uma maior proporção de amantes de latas mistas de maçã e banana no país X.

Neste modelo, os países X, Y e Z podem ser representados como a Tailândia, a Coreia e os EUA, respetivamente, e os amantes da maçã são aqueles que preferem produtos culturais de estilo ocidental, enquanto os amantes da banana são aqueles que preferem elementos tradicionais asiáticos. Os produtos culturais coreanos são simbolizados pela lata mista de maçã e banana, que mostra as suas caraterísticas mistas de tradição asiática e sofisticação ocidental. A vantagem desta extensão do modelo é que as suas caraterísticas são adequadas à exportação coreana de bens culturais.

4. Dados

O estudo analisa as exportações coreanas de conteúdos de radiodifusão para 11 países asiáticos durante o período de 2001 a 2011, recolhidas pela Comissão das Comunicações da Coreia. A partir de 2001, a Comissão das Comunicações da Coreia recolheu anualmente vários dados sobre o sector da radiodifusão coreano, realizando um inquérito a todas as empresas envolvidas nesta atividade, e publicou os resultados sob a forma de anuários do sector.

Os dados relativos às exportações constantes deste material são, portanto, muito mais centrados numa indústria específica e fiáveis do que quaisquer outros dados comerciais disponíveis. Por exemplo, a maioria das classificações dos produtos culturais baseia-se no código SH e o problema do código SH é que apenas conta os bens tangíveis desalfandegados, enquanto uma parte considerável dos produtos culturais atravessa a fronteira sem deixar quaisquer provas estatísticas. De acordo com as Estatísticas da Indústria de Conteúdos compiladas pela Agência Coreana de Conteúdos Criativos, entre as exportações totais de conteúdos culturais coreanos em 2010, apenas 39,9% são produtos finais tangíveis, como CDs e cassetes, enquanto as restantes formas de exportação são licenças, exportações OEM e serviços tecnológicos.

Quadro 3, Exportação coreana de conteúdos de radiodifusão nos anos selecionados

País	2001		2005		2011	
	mil dólares	Nº do programa	mil dólares	Nº do programa	$ mil	Nº do programa
Japão	1,157	2,482	63,543	7,271	102,058	15,147
China	2,700	1,142	9,238	4,099	17,241	5,578
Hong Kong	1,117	903	3,232	1,075	4,027	1,921

Singapura	858	674	1,030	934	3,259	3,713
Taiwan	2,232	2,814	11,872	2,003	21,051	4,377
Vietname	318	586	962	1,152	2,796	3,351
Malásia	0	0	1,336	736	1,814	2,501
Indonésia	0	0	1,144	607	1,246	1,625
Tailândia	0	0	2,327	1,392	2,785	1,895
Filipinas	0	0	3,994	1,244	3,549	1,310
Camboja	0	0	0	0	516	2,431
Outros	2,524	3,478	3,948	1,112	8,598	11,587
Total	10,906	12,079	102,626	21,625	168,940	55,436

Fonte: Comissão de Comunicações da Coreia

*Cada episódio de um drama é contado como um programa. Assim, se um drama televisivo for composto por 30 episódios, é contabilizado como 30 programas.

A limitação dos dados estudados reside no facto de conterem apenas informações sobre o comércio bilateral entre a Coreia e os países estrangeiros, sem informações sobre as transacções entre outros parceiros comerciais estrangeiros. Assim, os dados não podem ser utilizados para analisar as relações comerciais multilaterais entre os países, mas são suficientes para analisar as relações comerciais entre a Coreia e os países estrangeiros. Entre os bens culturais, os conteúdos de radiodifusão são os dados mais adequados para avaliar o nível de influência cultural, porque foram vários dramas televisivos coreanos que desencadearam a vaga coreana em muitos países asiáticos e os dramas televisivos incorporam traços culturais ricos, como as relações familiares, a interação social, a história, as últimas tendências, a alimentação e a moda.

Os 11 países observados que importam conteúdos de radiodifusão coreanos são o Japão, a China, Hong Kong, Singapura, Taiwan, o Vietname, a Malásia, a Indonésia, a Tailândia, as Filipinas e o Camboja. A razão pela qual estes 11 países asiáticos específicos foram selecionados é o facto de serem os principais países importadores de conteúdos de radiodifusão coreanos durante o período de 2001-2011. Myanmar foi excluído da análise pelo simples facto de não estarem disponíveis muitas informações estatísticas importantes sobre Myanmar no período de 11 anos. O quadro 3 mostra a exportação coreana de conteúdos de radiodifusão para os 11 países nos três anos selecionados. Em 2011, o Japão detém a maior quota de importação de conteúdos televisivos da Coreia, com 102 milhões de dólares ou 15.147 programas.

A Tabela 4 mostra a descrição dos dados, em que o número total de variáveis observadas é 121. A informação sobre a distância, medida em quilómetros, entre a capital coreana, Seul, e as capitais dos países importadores provém de www.mapcrow.info. A variável distância tem sido uma parte integrante da equação gravitacional e da análise dos padrões de comércio. Na análise do comércio cultural, a distância representa mais barreiras intangíveis, como o afastamento cultural, do que simples custos de transporte.

Quadro 4, Descrição dos dados

Variáveis	Obs.	Média	Desvio padrão	Min.	Máximo.
$Exporti_{kjt}$ (montante em $)	121	6953.7	15566.2	0	102058
$Exportar2_{kjt}$ (N.º do programa)	121	2072.5	2517.5	0	15147
$Distância_{kj}$	121	2997.0	1434.2	955	5290
$População_{jt}$	121	181.26	363.77	4.1	1344
PIB per capita$_{jt}$	121	11.59	13.90	0.325	46.862
$Internet_{jt}$	121	30.89	25.08	0.08	78.71
PIB /PIB_{jtkt}	121	1.0675	1.9368	0.01	8.25
$coreano_{jt}$	121	307.6	694.8	1	2750

Os dados relativos ao PIB, à população, à inflação e à Internet provêm da base de dados do Banco Mundial. São também acrescentadas estatísticas sobre a população coreana no estrangeiro compiladas pelo Ministério dos Negócios Estrangeiros da Coreia, uma vez que podem servir de indicador dos laços culturais entre a Coreia e os países importadores.

O PIB e a população podem representar o nível de desenvolvimento e a dimensão de cada país, respetivamente. Dado que o PIB contém o elemento população, o presente estudo utilizou o PIB per capita e a população, tendo o PIB dos países de importação sido igualmente utilizado para medir a dimensão económica relativa do país de importação em relação à da Coreia.

A utilização da Internet por 100 pessoas nos países de importação representa o nível de desenvolvimento das infra-estruturas sociais no país de importação. A inclusão da Internet deve-se ao facto de, recentemente, os bens culturais, em especial os conteúdos de radiodifusão, se terem difundido muito rapidamente entre os consumidores através de sítios Internet como o YouTube e o Facebook. O facto de os consumidores estrangeiros assistirem a conteúdos televisivos coreanos através dos sítios Web da Internet nos países de importação pode ter uma influência negativa nas exportações globais. No entanto, este estudo considera que a Internet pode tornar-se um catalisador para a sensibilização dos consumidores para os conteúdos de radiodifusão coreanos.

5. Análise empírica

Este estudo adopta uma equação de tipo gravitacional para medir os factores determinantes das exportações culturais coreanas para os países asiáticos. O modelo gravitacional tornou-se uma norma nos estudos aplicados ao comércio internacional. As razões pelas quais o modelo gravitacional é popularmente utilizado prendem-se com o facto de o conceito ser simples, mas teoricamente bem fundamentado, e de se ajustar bem aos dados.

Tinbergen (1962) aplicou originalmente o modelo gravitacional ao comércio internacional e, tal como na lei mecânica de Newton, o modelo prevê que o comércio entre dois países é uma função da sua dimensão económica e da distância entre eles. Anderson e van Wincoop (2003) mostram que a incorporação de medidas de resistência multilateral pode melhorar consideravelmente a estimativa. A razão pela qual este estudo adopta uma equação do tipo gravitacional é que variáveis importantes como o PIB e a distância na equação gravitacional tradicional se sobrepõem às variáveis do modelo deste estudo.

O modelo dinâmico de seleção de preferências descrito na secção anterior centra-se nas condições de procura dos países importadores e, de acordo com o modelo, os principais factores determinantes do comércio cultural são a dimensão económica relativa e a população dos parceiros comerciais. O PIB per capita de um país importador implica poder de mercado. A variável Internet representa a consciencialização dos consumidores e o custo de pesquisa. A população coreana em cada país importador é acrescentada para a representação cultural entre a Coreia e os países importadores.

Embora o custo de transporte seja mínimo no comércio de bens culturais, a variável distância é acrescentada como indicador da distância cultural entre a Coreia e cada país importador. A hipótese é que, à medida que a distância geográfica entre dois países aumenta, as barreiras culturais e as consequentes dificuldades do comércio cultural entre eles também aumentam.

Algumas variáveis, como a adjacência, a língua, a colónia e o ACL, que aparecem nas equações gravitacionais típicas, são excluídas tendo em conta a variedade limitada de países abrangidos pelos dados. Este estudo parte do princípio de que a exportação coreana de bens culturais tem uma relação positiva com a dimensão económica relativa da Coreia, a população do país importador, o PIB per capita, a população coreana no estrangeiro e a utilização da Internet, enquanto tem uma relação negativa com a distância.

O modelo empírico que se segue incorpora as ideias e as variáveis apresentadas na secção 3. Por exemplo, a dimensão económica relativa dos países importadores e exportadores (*g*), a variável população (*m*), a população coreana e a distância como proximidade cultural e custo de transação são enumeradas no modelo empírico.

$$ln\left(export1_{kjt}\right) = \alpha + \beta_1 ln\left(GDP_{jt} / GDP_{kt}\right) + \beta_2 ln\left(population_{jt}\right) + \beta_3 ln\left(gdppc_{jt}\right) +$$

$$\beta_4 ln\left(internet_{jt}\right) + \beta_5 ln\left(distance_{kj}\right) + \beta_6 \left(Korean_{jt}\right) + \varepsilon_{kjt}$$

Na equação acima, *"ln"* representa um logaritmo natural. $Export1kjt$ é a exportação coreana de programas de televisão para o país *j* em termos do montante em dólares no período observado *t*. $distancekj$ é a distância geográfica entre a capital da Coreia e a do país importador *j*. $populationjt$ é a população do país *j*. $gdppcjt$ é o PIB per capita do país *j*. $Internetjt$ é o número de utilizadores da Internet por 100 no país *j*. $GDPjt/GDPkt$ é o rácio do

PIB do país j em relação à Coreia. $Korean_{jt}$ é a população coreana com 1000 unidades no país j. Por último, ε_{kjt} é o resíduo. Este estudo espera que o sinal de $ln(distância_{kj})$ e PIB_j/PIB_k seja negativo, enquanto o sinal das outras variáveis será positivo.

O Quadro 5 mostra as correlações entre pares para a variável dependente e as variáveis regressoras, em que a exportação está mais fortemente correlacionada com a distância, a dimensão relativa do PIB do país importador e a Internet. Entre os regressores, a utilização da Internet e o PIB per capita estão altamente correlacionados. O sinal da dimensão relativa do PIB é positivo, contrariamente às expectativas. Este facto deve-se aos resultados da correlação de uma única variável e, com tratamentos de regressão adequados, como mostram os quadros 6 e 7, o sinal passa a ser negativo.

Para a estimação do modelo gravitacional, Anderson e van Wincoop (2003) mostram que é necessário incorporar medidas de resistência multilateral. Entre as várias abordagens para lidar com a resistência multilateral, este estudo segue Baldwin e Taglioni (2006) e inclui efeitos fixos do importador em interação com dummies de ano. Para verificar a robustez e lidar com observações de comércio zero, este estudo também utiliza o estimador de Poisson de máxima verosimilhança (PPML) apresentado por Santos Silva e Tenreyro (2006, 2011). Há uma série de aspectos desejáveis do estimador de Poisson. Em primeiro lugar, na presença de efeitos fixos, o PPML é consistente. Em segundo lugar, inclui as observações de valor comercial zero. Em terceiro lugar, segue o mesmo padrão que o OLS e a interpretação dos coeficientes é direta.

Quadro 5, Matriz de correlação

	Exporti	Distância	PIB per capita	População	PIB_j/PIB $_k$	Internet	coreano
Exporti	1.0000						
Distância	-0.6854	1.0000					
PIB per capita	0.5931	-0.2723	1.0000				
População	0.1866	-0.4065	-0.4570	1.0000			
PIB/ PIB $_k$	0.6832	-0.6681	0.4539	0.5740	1.0000		

Internet	0.6111	-0.1964	0.7735	-0.2471	0.4355	1.0000
coreano	0.4475	-0.6052	-0.0172	0.7549	0.7247	0.1071	1.0000

Começamos por estimar os factores determinantes das exportações coreanas de bens culturais em termos de valor. O Quadro 6 apresenta os resultados com o montante em dólares das exportações como variável dependente. Os efeitos fixos do importador, em interação com as dummies do ano, estão incluídos em todas as regressões.

Os resultados do método OLS mostram significância estatística em todas as variáveis. No entanto, os resultados dos efeitos fixos e das estimativas PPML mostram que algumas variáveis não são de todo relevantes para a exportação de conteúdos de radiodifusão da Coreia.

Tabela 6, variável dependente: Log Export1 (OLS, FE), Export1 (PPML)

Variável	OLS	FE		PPML	
		(1)	(2)	(1)	(2)
Distância Ln	-1.4197***	-2.3488*	-2.3530	-3.9804	-4.1311
	(0.1409)	(1.2753)	(1.4338)	(6.9114)	(5.2441)
Ln PIB por capita	2.3454***	2.3667***	1.8823**	2.6220***	5.0050***
	(0.3002)	(0.5798)	(0.8265)	(0.2653)	(1.4580)
Ln população	2.2610***	2.0222	-0.3322	2.9702	7.8169*
	(0.3065)	(1.4182)	(2.4278)	(5.0224)	(4.0923)
Ln PIBj/ PIBk	-1.9446***	-2.6968***	-2.4423***	-2.5685***	-5.4377***
	(0.3055)	(0.8214)	(0.7467)	(0.1230)	(1.3524)
Ln Internet	0.2931***	0.1116	0.0351	0.3149*	0.1632
	(0.6370)	(0.0647)	(0.0827)	(0.1617)	(0.1283)
Ln Coreano	-0.1156**	0.2297	0.1366	-0.1649	-0.5527
	(0.4754)	(0.3169)	(0.3017)	(0.4223)	(0.4604)
Constantes	3.3550	11.0335	24.3233	19.3858	-3.3211
	(2.0947)	(6.6379)	(10.9911)	(69.2739)	(53.5025)
Importador fe	Não	Sim	Sim	Sim	Sim
Ano fe	Não	Não	Sim	Não	Sim

| Observações | 112 | 112 | 112 | 121 | 121 |
| R ajustado^2 | 0.8231 | 0.8729 | 0.8962 | 0.8898 | 0.9611 |

*,**,*** denotam significância estatística aos níveis de 90, 95 e 99 por cento, respetivamente.

As variáveis PIB per capita do país de importação apresentam sinais positivos e significância estatística na maioria dos estimadores. No entanto, a população do país de importação apresenta apenas um ligeiro significado estatístico na coluna PPML (2) e não tem qualquer importância noutros estimadores. A implicação é bastante clara. Embora a dimensão do mercado do país de importação seja um fator importante na exportação cultural coreana, quando se trata do montante da exportação, o PIB per capita é mais importante do que a população do país de importação.

O PIB_{jt}/PIB_{kt} apresenta claramente um sinal negativo e um significado estatístico em todas as colunas, o que sugere que, no comércio cultural, um país economicamente maior se torna um exportador líquido, enquanto os países mais pequenos se tornam importadores líquidos.

A distância apresenta sinais negativos em todos os estimadores, como esperado. Enquanto FE(1) indica uma ligeira significância da distância, outros estimadores, no entanto, não mostram significância estatística da distância. Este resultado é nitidamente diferente dos resultados da maioria das estimativas gravitacionais convencionais de bens gerais. O resultado é simultaneamente compreensível e desconcertante. A primeira implicação possível é que, como o custo de transporte dos conteúdos de radiodifusão é quase nulo, a distância simplesmente não importa. A segunda implicação é que, embora a distância incorpore barreiras culturais, os 11 países importadores investigados não são suficientemente heterogéneos do ponto de vista cultural.

A utilização da Internet no país de importação apresenta uma fraca significância estatística na coluna PPML(1) e nenhuma significância noutros estimadores, indicando que o desenvolvimento de redes multimédia e sociais nos países de importação tem uma fraca influência positiva no comércio cultural. A população coreana no estrangeiro nos países de importação não apresenta quaisquer resultados significativos, o que implica que a ligação coreana é um fraco representante dos laços culturais.

O Quadro 7 apresenta os resultados da exportação de conteúdos de radiodifusão coreanos em termos do número de episódios como variável dependente. Os efeitos fixos do importador, em interação com as variáveis dummies do ano, estão também incluídos em todas as regressões.

Tabela 7, variável dependente: Log Export2 (OLS, FE), Export2 (PPML)

Variável	OLS	FE		PPML	
		(1)	(2)	(1)	(2)
Distância Ln	-0.8975***	-1.5268	-1.7130	4.5767	1.0900
	(0.1824)	(1.3667)	(1.4194)	(3.6645)	(3.8580)
Ln PIB per capita	1.7761***	1.7919***	2.7062***	1.7030***	4.0440***
	(0.3058)	(0.3899)	(0.4768)	(0.4526)	(0.7771)
Ln população	1.6080***	3.2261	3.3074**	4.3029*	6.3402***
	(0.2936)	(1.8174)	(1.5112)	(2.4624)	(2.4544)
Ln PIB_j/PIB_k	-1.5749***	-1.2735***	-2.3262***	-1.2389***	-3.8615***
	(0.2861)	(0.2851)	(0.4087)	(0.2427)	(0.6566)
Ln Internet	0.0423	0.0551	0.0136	0.1014	0.0468
	(0.0940)	(0.1315)	(0.1012)	(0.1551)	(0.1457)
Ln Coreano	0.0510	-0.1134	-0.2074	-0.2827	-0.4864
	(0.0774)	(0.3892)	(0.4198)	(0.3198)	(0.3483)
Constantes	2.9161	0.1766	0.9784	-46.7680	-33.4201
	(2.1690)	(5.3293)	(7.2609)	(36.0119)	(35.9901)
Importador fe	Não	Sim	Sim	Sim	Sim
Ano fe	Não	Não	Sim	Não	Sim
Observações	112	112	112	121	121
R ajustado^2	0.7132	0.8143	0.8398	0.8227	0.8763

****** denotam significância estatística aos níveis de 90, 95 e 99%, respetivamente.

A diferença marcante dos resultados do Quadro 7 em relação aos do Quadro 6 é que a variável população nos países importadores apresenta significância estatística na maioria dos estimadores, exceto na coluna FE(1). Mais uma vez, a implicação é bastante clara. A concentração das importações de conteúdos de radiodifusão nos países com um PIB per capita mais elevado é muito menor se medirmos os produtos em termos de quantidade e não de valor em dólares. A implicação é também clara se compararmos as Figuras 2 e 3.

Tal como nos resultados do quadro 6, o PIB per capita do país de importação e o PIBj/PIBk apresentam uma forte significância estatística. Embora alguns resultados da estimativa no quadro 6 revelem uma ligeira importância da distância e da utilização da Internet pelo país de importação, os resultados do quadro 7 não revelam qualquer importância em nenhuma das variáveis. A população coreana no país de importação também não revela quaisquer conclusões significativas.

6. Implicações políticas

Os resultados da investigação mostram que, embora o comércio cultural na Ásia siga um padrão semelhante ao do comércio de bens, a distância e a população coreana ultramarina como laços culturais têm pouca importância. Este resultado, à primeira vista, contradiz a teoria do crescimento económico e da proximidade cultural como os dois factores cruciais para a exportação coreana de bens culturais. No entanto, o reconhecimento do pequeno custo de transporte da onda de radiodifusão, as caraterísticas culturalmente homogéneas dos 11 países investigados e o facto de esses 11 países ocuparem 95% de todas as exportações coreanas para o mundo manifestam claramente a importância dos laços culturais na exportação dos conteúdos de radiodifusão. De facto, de acordo com as estatísticas comerciais da Korea International Trade

(KITA) do total das exportações coreanas em 2011, as exportações para os países asiáticos representam 56,5%, uma taxa consideravelmente inferior à taxa de exportação de conteúdos de radiodifusão. Para os decisores políticos governamentais, o caso da Onda Coreana tem as seguintes implicações políticas.

Em primeiro lugar, uma vez que o surgimento da vaga coreana coincide com o rápido desenvolvimento económico da Coreia, também se deve reconhecer que o fenómeno da vaga coreana pode ter vida curta se outras economias vizinhas, como a China, crescerem mais rapidamente do que a da Coreia. Quando a economia japonesa dominou o mundo há alguns anos, as influências culturais japonesas, como a animação japonesa, o teatro e o J-pop, também ganharam grande popularidade em todo o mundo. Neste momento, a economia coreana e a influência cultural coreana nos países vizinhos são fortes, mas o domínio chinês em termos de influência económica e cultural num futuro próximo parece inevitável.

Em segundo lugar, como entendemos que a influência cultural acontece através da combinação dinâmica do poder económico e da proximidade cultural entre países importadores e exportadores, será necessário mais tempo e esforço para que a onda coreana saia da Ásia. O enorme sucesso de "Kangnam Style", de PSY, sugere que a produção de bens culturais que satisfaçam gostos universais (ou seja, o fator cómico) em vez de gostos tradicionais é uma forma de ultrapassar as barreiras culturais.

Em terceiro lugar, o facto de o principal importador de bens culturais coreanos ser o Japão, cuja dimensão económica é superior à da Coreia, sugere que a dimensão económica relativa não é, por si só, uma condição absoluta para o comércio cultural. Para além do desenvolvimento económico da Coreia, a combinação de conteúdos únicos, apoio governamental, redes sociais e concorrência interna contribuiu para o surgimento da Onda Coreana, que cativou centenas de milhões de pessoas.

Por último, tal como evidenciado pelos dados e pela análise empírica, a procura de conteúdos culturais por parte do país de importação pode ser medida quer por um termo de valor quer por um termo de quantidade. Os resultados mostram que o poder de mercado do país importador, medido em termos de PIB per capita, é importante em termos de valor, enquanto o poder de mercado do país importador, medido em termos de população, é também um fator relevante em termos de quantidade. Tendo em conta a elevada taxa média de crescimento económico dos países de baixo rendimento, a futura criação de valor pela exportação coreana de bens culturais virá cada vez mais desses mercados emergentes.

7. Conclusões

Este estudo analisa os factores determinantes da súbita popularidade dos produtos culturais coreanos nos mercados estrangeiros e as suas implicações. Num modelo dinâmico de seleção de preferências, este estudo indica que tanto a dimensão económica relativa como a proximidade cultural afectam o comércio internacional de bens culturais. Com base no modelo original de Bala e Van Long (2005), este estudo alarga o modelo a um modelo de três países e três bens para explicar a posição única da economia coreana; a Coreia passou de importador líquido a exportador líquido de bens culturais num período consideravelmente curto.

Em termos empíricos, este estudo adopta um modelo econométrico do tipo gravitacional e aplica os efeitos fixos da dummy do importador e o estimador de verosimilhança pseudo-máxima de Poisson para analisar os factores determinantes da exportação coreana de conteúdos de radiodifusão para 11 países asiáticos. Este estudo conclui que, embora a dimensão económica de um país importador seja importante, a dimensão relativa do país exportador em comparação com a do país importador é também um fator importante para o comércio cultural. A utilização da Internet no país de importação revela uma fraca relevância e a população coreana no estrangeiro como indicador de laços culturais não apresenta qualquer significado estatístico.

Os resultados mostram também uma fraca importância da distância geográfica no comércio cultural. À primeira vista, o resultado pode ser razoavelmente aceite porque os bens culturais, como os conteúdos televisivos, não geram muitos custos de transporte. No entanto, o resultado é também contra-intuitivo, uma vez que a distância pode ser um indicador de barreiras culturais entre os países de exportação e importação. Uma explicação possível é o facto de os dados analisados abrangerem apenas o comércio entre a Coreia e os países asiáticos, pelo que os países cultural e geograficamente distantes já estão excluídos.

III. A ascensão da vaga coreana conduz à exportação de cosméticos?

O objetivo desta investigação é identificar a relação entre a onda coreana e a exportação de cosméticos coreanos. Em vez de utilizar os dados do UN COMTRADE, como acontece com outras investigações sobre estudos semelhantes, este estudo adopta o índice de consulta do Google Trends com a palavra-chave "drama coreano" como variável de substituição para o comércio cultural. Ao controlar os factores determinantes da exportação, tais como o PIB dos países importadores e exportadores, a distância, a I&D e os acordos de comércio livre, este estudo analisa se a onda coreana representada pelo Google Trends contribui para o aumento explosivo da exportação de cosméticos coreanos nos últimos anos. Além disso, este estudo também investiga os possíveis efeitos da onda coreana na exportação que poderiam variar de acordo com os diferentes grupos comerciais, classificando os países importadores em dois grupos: 74 países a nível mundial e 9 países membros da ASEAN. Os resultados revelam que a vaga coreana conduz, de facto, à exportação de cosméticos para os países da ASEAN, mas mostra uma relação fraca com a exportação de cosméticos para o mundo inteiro.

1. Introdução

Muitas das questões de investigação levantadas nas últimas duas décadas sobre os fluxos comerciais internacionais centraram-se nos custos comerciais decorrentes das fronteiras territoriais. O célebre estudo de McCallum (1995) sobre os padrões do comércio regional entre o Canadá e os Estados Unidos desencadeou uma avalanche de estudos em busca da verdadeira magnitude do efeito de fronteira. Obstfeld e Rogoff (2000) incluem o enviesamento do comércio em relação ao país de origem como um dos seis puzzles da macroeconomia internacional. Disdier e Head (2008) examinaram 1467 efeitos da distância estimados em 103 documentos e concluíram que, em média, um aumento de 10% na distância reduz o comércio bilateral em cerca de 9%. Os custos de transporte de longa distância, as tarifas e outras barreiras não pautais podem explicar em parte as razões pelas quais a fronteira nacional continua a ser importante.

No entanto, como especula Grossman (1998), a razão pela qual a distância é tão importante pode também dever-se à falta de familiaridade ou à diferença cultural. Muitos investigadores que adoptam o modelo gravitacional incluem línguas comuns (Boisso e Ferrantino 1997; Melitz 2008), experiência colonial (Rose 2000; Eichengreen e Irwin 1998) e laços étnicos (Rauch e Trindade 2002; Combes et al. 2005; Wagner et al. 2002) como indicadores de laços culturais entre os parceiros comerciais.

O efeito de fronteira não se limita ao comércio de produtos manufacturados. Miroudot et al (2013) concluem que os custos do comércio de serviços são muito mais elevados do que os de um sector de bens. Os dados da sua investigação também sugerem que os custos do comércio de produtos manufacturados diminuíram consideravelmente na última década, mas permaneceram essencialmente estáveis nos mercados de serviços. Blum e Goldfarb (2006) mostram que a distância física reduz o comércio, mesmo em produtos e serviços em linha que deveriam estar isentos de custos comerciais.

Em consonância com as razões acima referidas, alguns estudos recentes centram-se nos efeitos de difusão comercial da popularidade dos conteúdos culturais coreanos, como as telenovelas e a música (Park e Choe 2009; Kim e Ahn 2012). O notável sucesso da indústria cultural coreana é especialmente evidente nos países asiáticos. De acordo com os dados da Korea Creative Content Agency (KOCCA), durante o período de 8 anos entre 2005 e 2013, o valor das exportações de música coreana aumentou mais de 10 vezes, passando de 22 milhões de dólares para 227 milhões de dólares. Do valor total das exportações de música em 2013, 97,4% destinaram-se a países asiáticos, como o Japão, a China e os países do Sudeste Asiático.

A situação da exportação coreana de conteúdos de radiodifusão não é muito diferente. Durante o mesmo período de 8 anos, o valor das exportações coreanas de conteúdos televisivos aumentou de 121 milhões de dólares para 309 milhões de dólares e 73% do total das exportações de conteúdos televisivos em 2013 destinaram-se a países asiáticos.

A vantagem de adotar o comércio de bens culturais como indicador de laços culturais entre parceiros comerciais é que, enquanto outros factores culturais, como a língua comum, a experiência colonial e os laços étnicos, são invariáveis no tempo, o comércio cultural muda num curto período de tempo. Assim, a natureza dinâmica dos padrões comerciais pode ser captada com a utilização do comércio cultural como variável de substituição dos laços culturais entre parceiros comerciais.

Stigler e Becker (1977) desafiam o pressuposto tradicional da estabilidade dos gostos e preferências através de estudos de caso sobre vícios, comportamentos habituais, publicidade e modas. De acordo com o raciocínio anterior, é também possível assumir que a exposição frequente a conteúdos culturais estrangeiros pode alterar o comportamento de compra dos consumidores nacionais (Rauch e Trindate 2009; Bala e Van Long 2005; Park 2014).

Há muitos casos de reportagens e publicações nos meios de comunicação social coreanos que afirmam que a vaga coreana contribuiu grandemente para as exportações coreanas, em particular, e para a economia coreana, em geral. No entanto, a maioria dessas notícias baseia-se em puras especulações ou em investigações anedóticas que carecem de uma análise rigorosa.

Este trabalho procura estudar os efeitos de criação de comércio da vaga coreana, com especial atenção para a exportação coreana de cosméticos. A indústria coreana de cosméticos é escolhida devido ao desempenho notável da indústria no meio da recessão económica dos últimos anos. Além disso, os cosméticos podem ser classificados como produtos parcialmente substituídos, pelo que o seu consumo está intimamente ligado não só ao preço e à qualidade do produto, mas também às imagens que os produtos transmitem. Uma das possíveis razões pelas quais os conteúdos culturais coreanos se tornaram tão populares nos países asiáticos pode dever-se aos rostos atraentes dos artistas coreanos. Uma vez que o conceito de beleza pode ser partilhado em regiões específicas, a ascensão da onda coreana pode explicar o aumento explosivo das exportações de cosméticos coreanos para os países asiáticos nos últimos anos.

Enquanto a maioria dos estudos sobre os efeitos da onda coreana na criação de comércio (i.e. Park e Choe 2009; Kim e Ahn 2012) utiliza dados do COMTRADE das Nações Unidas para bens manufacturados e culturais, este estudo adopta dados extraídos das consultas de pesquisa do Google Trends como medida de substituição para o comércio de bens culturais. Uma vez que a Internet é amplamente utilizada para o consumo de produtos audiovisuais, o comércio de bens culturais manufacturados, como CDs, fitas magnéticas e filmes cinematográficos, pode não representar a verdadeira escala do comércio cultural.

Choi e Varian (2009) demonstram que o Google Trends pode ajudar a prever o presente. As consultas de pesquisa do Google Trends foram recentemente utilizadas para estimar o nível atual de actividades de doenças como a "gripe", a "gripe das aves" e a "gripe suína" nos países (Ginsberg et al. 2009; Eysenbach 2006). Askitas e Zimmerman (2009) demonstram fortes correlações entre as pesquisas por palavras-chave e as taxas de desemprego, utilizando dados mensais alemães. medida que as actividades de pesquisa na Internet se tornam parte da vida quotidiana em todo o mundo, a análise das consultas por palavras-chave de pesquisa também pode revelar a afinidade cultural de cada pessoa com um determinado país.

O documento prossegue da seguinte forma. A secção seguinte descreve o crescimento dinâmico da indústria coreana de cosméticos. A terceira secção propõe uma abordagem de modelo gravitacional para a análise empírica com descrição dos dados. A quarta secção apresenta os resultados da estimação. A quinta secção analisa as implicações dos resultados e conclui.

2. Indústria coreana de cosméticos

A indústria coreana de cosméticos regista um crescimento rápido graças ao interesse crescente da população pela saúde e ao aumento do investimento na produção de cosméticos. De acordo com os dados do Korea Health Industry Development Institute (KHIDI) apresentados no Quadro 1, a produção interna coreana de cosméticos atingiu 7280 milhões de dólares em 2013, contra 4049 milhões de dólares em 2009, com um crescimento médio anual de 16,0%, ultrapassando largamente a taxa média de crescimento do PIB coreano de 3,2% no mesmo período.

Quadro 1. Dimensão do mercado da indústria coreana de cosméticos

(Unidade: US$ milhões, %)

	2009	2010	2011	2012	2013	Em relação ao ano anterior	CAGR (2009~2013)
Dimensão do mercado	4,336	5,456	5,947	6,231	6,962	11.7	12.8
Produção	4,049	5,202	5,763	6,321	7,280	15.1	16.0
Exportação	416	597	805	1,067	1,290	20.8	32.9
Importação	702	851	989	978	972	-0.1	8.9
Balança comercial	-286	-254	-184	89	318		

Fonte: Instituto de Desenvolvimento do Setor da Saúde da Coreia

*YoY significa ano a ano e CAGR significa taxa de crescimento anual composta.

O aspeto notável da indústria é que, enquanto a maioria das outras indústrias foi severamente afetada pela crise financeira e não registou qualquer crescimento em 2009, o mercado coreano de cosméticos cresceu 11,8% no mesmo ano.

O desempenho das exportações da indústria coreana de cosméticos nos últimos anos também é digno de nota. De acordo com os dados do Instituto de Desenvolvimento da Indústria da Saúde da Coreia (KHIDI), o valor das exportações de cosméticos coreanos durante um período de 11 anos (2002 - 2013) aumentou mais de 10 vezes, passando de 123 milhões de dólares para 1 289 milhões de dólares e, como mostra a Figura 1, o valor das exportações de cosméticos coreanos em 2012 ultrapassou o valor das importações pela primeira vez.

Figure 1. Exportação coreana de cosméticos

(Unidade: US$ mil)

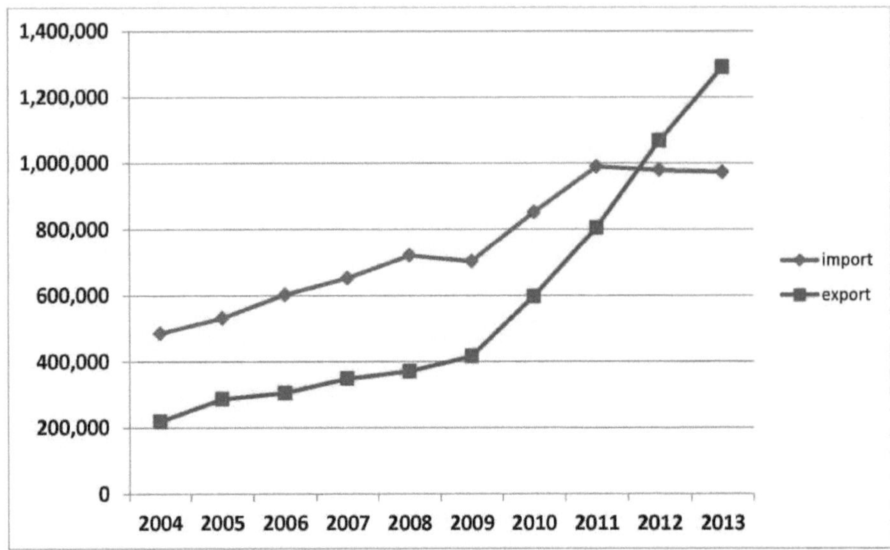

Fonte: Instituto de Desenvolvimento do Setor da Saúde da Coreia

Os principais destinos de exportação dos cosméticos coreanos são países asiáticos, como a China, Hong Kong, Japão, Taiwan e países do Sudeste Asiático. A figura 2 mostra que os 10 principais países de destino das exportações ocupam 90% do total das exportações de cosméticos coreanos e, entre eles, apenas os Estados Unidos e a Federação Russa não são países asiáticos. Entre os países do Sudeste Asiático, a Tailândia, Singapura e Malásia estão incluídos nos 10 principais destinos de exportação.

Figure 2. Exportação coreana de cosméticos por país a partir de 2013

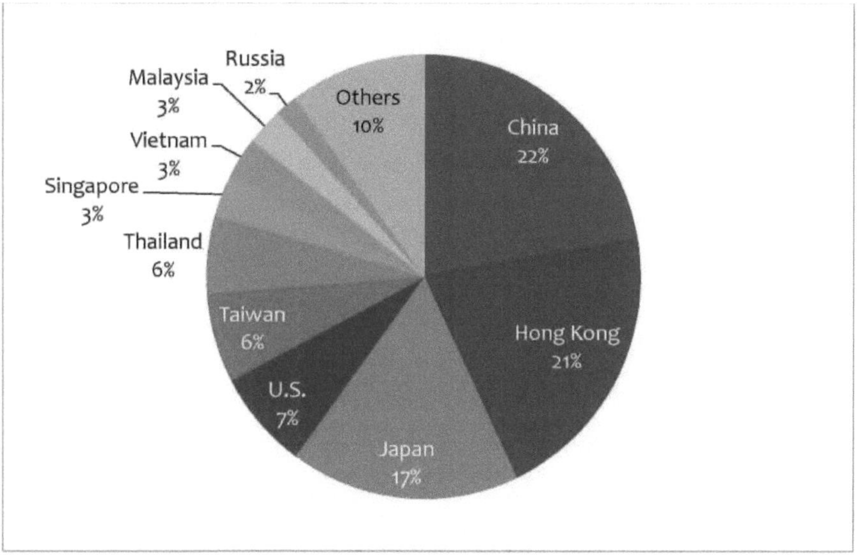

Fonte: Instituto de Desenvolvimento do Setor da Saúde da Coreia

Poderá haver várias explicações para o facto de os cosméticos coreanos serem mais preferidos pelos asiáticos do que pelos habitantes de outras partes do mundo. Em primeiro lugar, os esforços das empresas coreanas para satisfazer os consumidores nacionais deram frutos não só no mercado interno, mas também no mercado externo. As mulheres coreanas estão muito atentas aos cuidados com a pele, pelo que a maior parte do desenvolvimento de produtos das empresas de cosméticos se centra nos produtos de cuidados com a pele. A biotecnologia desempenha um papel cada vez mais importante na proteção da pele contra o envelhecimento. O principal fabricante de cosméticos da Coreia, a Amore Pacific Corp, criou um centro de I&D em biociências em 2011 e a LG Household and Health Care, a segunda maior empresa de cosméticos, formou uma parceria tecnológica com um hospital feminino de renome, o Cha Medical Center, para a investigação de células estaminais (Kang 2012).

Tendo em conta o interesse especial das mulheres coreanas pelos ingredientes dos cosméticos, as empresas coreanas também desenvolveram produtos de cuidados da pele feitos de ingredientes medicinais naturais, orgânicos e à base de plantas, como o chá verde, o ginseng, a raiz de lótus sagrada e o extrato de bambu. A Sulhwasoo, uma marca de grande sucesso da Amore Pacific Corp, é conhecida pela sua fragrância de ginseng e pela utilização de muitas ervas e raízes medicinais tradicionais. O interesse dos parentes por uma pele limpa e clara não é uma propriedade exclusiva das mulheres coreanas, mas é partilhado por todas as mulheres asiáticas. Por exemplo, a marca japonesa Shiseido também criou um creme facial com infusão de ervas desenvolvido especialmente para a pele chinesa (Alexander 2011).

Em segundo lugar, as mulheres asiáticas também partilham um conceito semelhante de beleza e cor da pele. Na Coreia, os produtos para "branquear" a pele são muito populares porque a pele branca é sinónimo de beleza. A descrição da pele de uma mulher como "branca como o jade" tem sido uma expressão comum para elogiar a sua beleza, tanto na Coreia como na China. Há poemas da dinastia Tang, na China, que descrevem as mulheres como "brancas como o jade" e "de tonalidade cremosa" (Alexander 2011). De acordo com o estudo de Li et al (2008), os significados contemporâneos da brancura na Ásia são influenciados pelas ideologias ocidentais, bem como pelos valores e crenças tradicionais asiáticos. Concluíram que os produtos de branqueamento e aclaramento da pele não só prometem satisfazer o desejo de ter uma pele branca e clara como forma de alcançar um estatuto mais elevado, mas também permitem às mulheres controlar o seu próprio corpo e alterar a natureza.

Em terceiro lugar, uma vez que a publicidade e a imagem de marca do produto são aspectos críticos da indústria dos cosméticos, pensa-se que o método de marketing das estrelas das empresas coreanas contribuiu grandemente para o êxito dos cosméticos coreanos nos países asiáticos. Por exemplo, a Laneige, uma das marcas de cosméticos de renome da Amore Pacific Corp, celebrou um contrato de publicidade do produto com a atriz Song Hye-Kyo em 2008. A atriz alcançou o estrelato na Ásia pelas suas aparições em séries televisivas de sucesso como "Autumn in My Heart" e "Full House" e também apareceu frequentemente em filmes chineses. Além disso, a quarta maior empresa do mercado coreano de cosméticos, The Face Shop, tornou-se muito bem sucedida em parte devido à contratação do ator Bae Yong-joon, do popular drama televisivo "Winter Sonata", como patrocinador.

3. Estratégia empírica e dados

3.1 Estratégia empírica

Este trabalho adopta o modelo gravitacional para a análise empírica do impacto da vaga coreana na exportação dos cosméticos coreanos, utilizando os dados do painel de exportação de 2005 a 2013. O modelo gravitacional tem sido amplamente utilizado para analisar o padrão do comércio internacional porque produziu algumas das conclusões mais claras e robustas em economia (Leamer e Levinsohn 1995). Embora o modelo gravitacional tenha sido utilizado para dados de comércio bilateral desde Tinbergen (1962), tornou-se verdadeiramente popular no trabalho empírico após a introdução do conceito de resistência multilateral (Anderson e van Wincoop 2003) e a revolução dos efeitos fixos (Feenstra 2004; Redding e Venables 2004) começou a captar os termos de resistência multilateral. A combinação de consistência com a teoria e facilidade de implementação levou à rápida adoção do modelo no trabalho empírico (Head e Mayer 2013).

Com a inclusão da resistência multilateral, Anderson e van Wincoop (2003) derivam a seguinte equação gravitacional teoricamente fundamentada do comércio internacional:

$$x_{ij} = \frac{y_i y_j}{y_w} \left(\frac{\tau_{ij}}{\Pi_i P_j} \right)^{1-\sigma}$$

em que x_{ij} representa as exportações do país i para j, y_i e y_j são os PIBs de cada país, τ_{ij} é o custo bruto do comércio bilateral, $\sigma > 1$ é a elasticidade de substituição, e Π_i e P_j representam as variáveis de resistência multilateral externa do país i e interna do país j, respetivamente.

Como mostrado por Shepherd (2014), tomando os logaritmos naturais de todas as variáveis, a equação acima pode ser transformada da seguinte forma:

$$\log X_{ij} = C + F_i + F_j + (1-\sigma)[\log \tau_{ij}]$$

$$C = -\log Y$$

$$F_i = \log Y_i - \log \Pi_i$$

$$F_j = \log Y_j - \log P_j$$

$$\log \tau_{ij} = \log Dist_{ij} + \log Culture_{ij} + FTA_{ij}$$

O primeiro termo, C, é igual ao PIB mundial mas, para efeitos de estimação, pode ser um coeficiente porque é constante em todos os exportadores e importadores. O termo seguinte, F_i, é a abreviatura de um conjunto completo de efeitos fixos dos exportadores. Seguindo a mesma abordagem, F_j é um conjunto completo de efeitos fixos dos importadores. $\log\tau_{ij}$ é a soma das variáveis de custo, como a distância, a proximidade cultural e os acordos de comércio livre entre o país i e o país j. Para analisar o impacto da vaga coreana na exportação de cosméticos coreanos, adoptando e modificando as equações acima referidas, este estudo estima o seguinte modelo econométrico:

$$lnX_{kjt} = \beta_0 + \beta_1 lnGDP_{kt} + \beta_2 lnGDP_{jt} + \beta_3 lnDist_{kj} + \beta_4 lnTrends_{jt} + \beta_5 FTA_{kjt}$$
$$+ \beta_6 \ln R\&D_{kt} + \gamma_j + \delta_t + \varepsilon_{kjt}$$

em que k indica o país de exportação (Coreia), j o país de importação e t é o tempo; ln denota logaritmos naturais; X_{kjt} é o fluxo de exportação de cosméticos coreanos para o país j no período t; PIB_{kt} e PIB_{jt} são os PIBs da Coreia e dos países de importação, respetivamente; $Dist_{kj}$ é a distância geográfica entre a Coreia e os países de importação; $Trends_{jt}$ são as pesquisas do Google Trends com a palavra-chave "drama coreano" nos países de importação, como variável de substituição dos laços culturais entre as duas partes. FTA_{kjt} é uma variável fictícia que indica a presença de acordos de comércio livre entre a Coreia e os países importadores. $I\&D_{kt}$ é o investimento da indústria de cosméticos coreana em investigação e desenvolvimento. γ_j e δ_t são efeitos fixos do país de importação e do ano, respetivamente, e ε_{kjt} é um termo de perturbação.

3.2 Dados

O estudo analisa os dados de exportação coreanos de cosméticos para 74 países durante o período de 2005 a 2013 recolhidos pelo Serviço de Alfândegas da Coreia (http://www.customs.go.kr). De acordo com os Códigos do Sistema Harmonizado (Código HS), os cosméticos fazem parte da categoria 33 descrita como "Óleos essenciais e resinóides; produtos de perfumaria, cosméticos ou de toucador". Embora a categoria de dois dígitos possa ser dividida em listas de produtos mais específicas, este estudo seleciona os dados de exportação de cosméticos coreanos com base no Código HS 33.

Quadro 2. Exportação coreana de cosméticos nos anos selecionados (código SH 33)

(Unidade: US$ mil)

País	2005	2007	2009	2011	2013
China	71,837	101,354	127,057	217,027	315,788
Hong Kong	29,804	31,373	45,484	97,328	214,668
Japão	39,288	42,092	86,560	139,560	159,032
EUA	34,954	35,795	43,078	66,847	107,117
Taiwan	33,686	30,381	34,840	68,566	94,809
Tailândia	2,739	4,148	13,974	61,945	77,889
Vietname	9,812	11,448	15,944	32,273	42,452
Malásia	4,783	8,631	13,186	23,895	41,459
Singapura	15,311	15,788	16,583	33,107	41,144
Rússia	4,632	5,230	4,765	9,966	25,918
Austrália	5,084	4,375	5,967	8,908	15,509
Mongólia	5,485	7,162	6,391	10,484	13,021
Indonésia	842	837	1,527	9,044	11,664
Filipinas	612	2,200	2,156	6,945	11,145
REINO UNIDO	3,284	3,953	4,359	5,819	10,658
Irão	6,661	8,000	8,925	15,093	9,177

EMIRADOS ÁRABES UNIDOS	3,007	4,165	5,036	4,968	8,931
Canadá	4,081	2,839	2,438	3667	7,560
Myanmar	274	204	2,167	2447	5,100
França	2,297	2,131	1,983	5997	5,034
subtotal	278,473	322,106	442,420	823,886	1,218,075
outros	16,431	19,001	22,063	36,989	58,902
total	294,904	341,107	464,483	860,875	1,276,977

Fonte: Serviço Aduaneiro da Coreia

Como se pode ver no quadro 2, durante o período de oito anos, as exportações coreanas de cosméticos aumentaram mais de quatro vezes e os maiores importadores são a China, Hong Kong e o Japão. O crescimento explosivo das exportações para a Tailândia é especialmente digno de nota. Em 2005, o valor das importações tailandesas de cosméticos coreanos era de apenas 2,7 milhões de dólares e este valor cresceu para 61,9 milhões de dólares em 2013, o que representa um aumento de 23 vezes, tornando a Tailândia no 6th maior importador de cosméticos coreanos. Em menor grau, mas ainda assim notável, são os aumentos de importação de outros países do Sudeste Asiático. Durante o mesmo período, a exportação de cosméticos coreanos para as Filipinas aumentou 11,3 vezes, para a Indonésia 10,7 vezes e para a Malásia 5 vezes.

Este estudo adopta os dados de pesquisa do Google Trends como variável de substituição para a afinidade cultural entre a Coreia e os seus parceiros comerciais. A informação sobre as tendências das pesquisas Google ao longo do tempo num determinado país está disponível no Google Trends (http://www.google.com/trends). O Google Trends não apresenta o nível bruto de consultas para um determinado termo de pesquisa, mas apresenta um índice de consultas, ou seja, o volume relativo de pesquisas nessa região num determinado momento. O índice de consultas começa em 0 em 1 de janeiro de 2004 e os números em datas posteriores indicam o desvio percentual da quota de consultas em 1 de janeiro de 2004 (Choi e Varian 2009).

A palavra-chave de pesquisa para este estudo é "drama coreano" durante os períodos de 2005 a 2013 no Google Trends, porque este termo pode captar os aspectos mais importantes da onda coreana no mundo. Os dramas televisivos incorporam traços culturais ricos, como as relações familiares, a interação social, a história, as últimas tendências, a comida e a moda (Park 2014).

A figura 3 mostra a comparação da popularidade dos géneros dramáticos coreanos, japoneses e chineses no Google Trends durante o período de 2004 a 2014, em que a unidade vertical é o índice de pesquisa que vai de 0 a 100. A partir do gráfico, é evidente que a popularidade do drama coreano em relação ao japonês e ao chinês aumentou consideravelmente ao longo do tempo.

Figura 3. Comparação do Google Trends por palavras-chave: 2004 - 2014

(Unidade: Índice de pesquisa do Google)

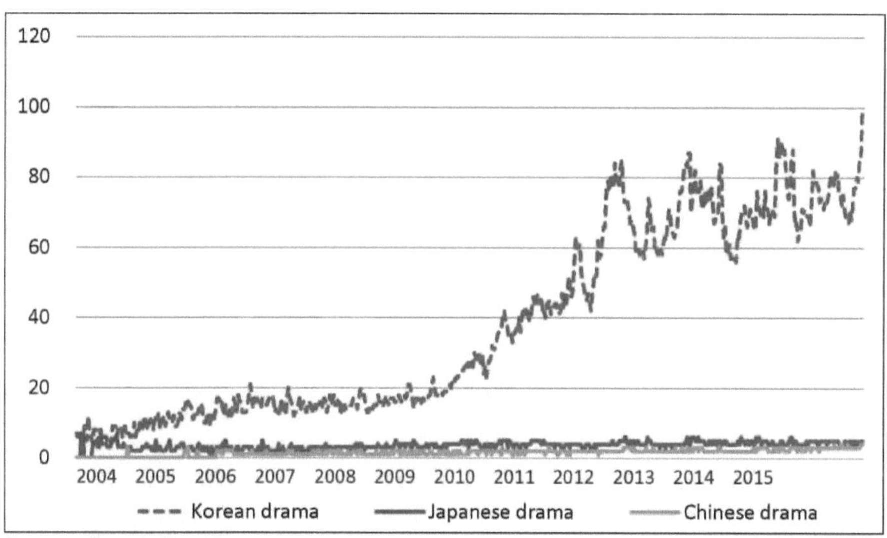

Source: Google Trends

A adoção dos dados do Google Trends como variável de substituição para a afinidade cultural neste estudo tem várias vantagens. Em primeiro lugar, uma vez que o Google se tornou um motor de pesquisa generalizado desde a última década, a informação acumulada sobre as consultas pode revelar o nível de gostos e preferências de cada indivíduo durante um determinado período numa região específica. Como a infraestrutura das tecnologias da informação e da comunicação (TIC) foi melhorada e o número de utilizadores da Internet também aumentou em todo o mundo durante a última década, o termo "Big data" tornou-se recentemente um nome familiar.

Em segundo lugar, enquanto os dados disponíveis sobre o comércio de bens culturais estão limitados a um número relativamente pequeno de países, os dados do Google Trends podem abranger regiões extensas. Em terceiro lugar, tanto quanto é do conhecimento do autor do presente estudo, não houve qualquer tentativa de utilizar os dados de consulta do Google Trends como variável de substituição para a afinidade cultural no domínio do comércio internacional.

Os dados do índice de consultas do Google Trends estão disponíveis numa base semanal, com exceção de alguns países. Para efeitos de simplicidade e conveniência na comparação com outros dados anuais, este estudo combina todos os dados do índice semanal e transforma-os em dados anuais.

A Tabela 3 mostra a estatística descritiva em que o número total de variáveis observadas é de 666, exceto o Trends com 278 variáveis observadas. Uma vez que as condições de adoção e utilização do motor de busca Google em cada país são diferentes, os dados do índice Trends dos primeiros anos em alguns países simplesmente não estão disponíveis. A informação sobre a distância, medida em quilómetros, entre Seul, a capital coreana, e as capitais dos países importadores provém de timeanddate.com (http://www.timeanddate.com).

Quadro 3. Descrição dos dados

Variável	Obs.	Média	Desvio padrão	Min.	Máximo.
Exportação	666	8685.8	30093.9	0	336795
Tendências	278	1446.0	1092.2	0	4236
Distância	666	7718.4	3824.8	956	19435
PIB_k	666	1084.5	134.8	898	1305
PIB_j	666	798.8	1968.4	3	16768
ACL	666	0.2432	0.4293	0	1

| I&D | 666 | 168.2 | 66.7 | 66 | 274 |

Os dados relativos ao PIB, medidos em mil milhões de dólares americanos, são provenientes dos Indicadores de Desenvolvimento Mundial. Os dados sobre os ACL, uma variável fictícia que indica a existência de ACL entre a Coreia e os seus parceiros comerciais, provêm dos Serviços Aduaneiros da Coreia. Os dados sobre I&D, o total das despesas de I&D na indústria dos cosméticos, tanto de empresas públicas como privadas, medidos em mil milhões de won coreanos, provêm do Korean Health Industry Statistics System (http://khiss.go.kr).

4. Resultados das estimativas

4.1 Resultados de base

Os resultados do método OLS agrupado, dos efeitos aleatórios, dos efeitos fixos e do estimador de pseudomáxima verosimilhança de Poisson (PPML) para a análise de dados em painel são apresentados no Quadro 4. O método OLS (1) não inclui os efeitos fixos das dummies do país e do ano de importação, enquanto o método OLS (2) os inclui a todos. Os resultados mostram que o OLS (2) com R ajustado^2 0,9818 é um estimador teoricamente consistente e muito melhor do que o OLS (1) com R ajustado^2 0,6675.

Os resultados globais de vários estimadores confirmam que, em conformidade com o pressuposto do modelo gravitacional, a variável dependente está positivamente correlacionada com os PIB da Coreia e dos seus parceiros comerciais e negativamente correlacionada com a distância geográfica. O investimento coreano em I&D na indústria dos cosméticos não apresenta qualquer significado em geral e, na maioria dos casos, apresenta mesmo relações negativas.

O resultado pode ser interpretado como o facto de ser necessário um período de tempo relativamente longo para colher os frutos do investimento em I&D. A variável ACL indica claramente significância estatística na maioria dos estimadores, exceto no estimador OLS sem efeitos fixos.

Tabela 4. Variável dependente: Exportação logarítmica (OLS, RE, FE), exportação (PPML)

Variável	OLS(1)	OLS(2)	RE	FE	PPML

Ln PIBk	-1.2602 (0.9193)	1.7711** (0.7465)	1.5540*** (0.3871)	1.2976*** (0.4200)	2.8882*** (0.8762)
Ln PIBj	0.7351*** (0.0545)	1.3908*** (0.2481)	0.8703*** (0.0924)	1.3840*** (0.2532)	0.0885 (0.3236)
Ln Distância	-2.2835*** (0.1269)	-5.5608*** (0.5610)	-2.4351*** (0.2456)		-3.3946*** (0.5297)
Tendências Ln	0.4953*** (0.0629)	0.0013 (0.0418)	0.1089*** (0.0372)	0.0790** (0.0369)	0.0393 (0.0527)
FTA	-0.0388 (0.1726)	0.3326*** (0.1251)	0.2142* (0.1142)	0.2551** (0.1174)	0.3113*** (0.1136)
Ln I&D	-0.8395** (0.3497)	-0.2374 (0.2175)	0.0450 (0.1206)	-0.0542 (0.1318)	-0.1472 (0.2574)
Constantes	33.0793 (5.7707)	36.1557 (7.1118)	11.3130 (3.2624)	-10.2506 (2.4797)	15.1225 (6.6898)
Efeitos fixos do importador	Não	Sim	Não	Não	Sim
Efeitos fixos do ano	Não	Sim	Não	Não	Sim
Observações	274	274	274	274	277
R ajustado^2	0.6675	0.9818	0.6011	0.2194	0.9515

*,**,*** denotam significância estatística aos níveis de 90, 95 e 99 por cento, respetivamente.

O Google Trends, como variável de substituição para a afinidade cultural, apresenta uma correlação significativa em OLS (1), efeitos aleatórios e efeitos fixos. No entanto, os efeitos fixos consistentes com a teoria, tratados com OLS (2) e PPML, não mostram quaisquer sinais de correlação. O resultado implica que a vaga coreana não é muito relevante no que respeita à exportação coreana de produtos parcialmente substituídos, como os cosméticos, para países de todo o mundo. A vaga coreana, apesar de mais pessoas no mundo terem recentemente reconhecido o fenómeno, continua a ser sobretudo do domínio dos episódios asiáticos.

4.2 Diferenciação regional

Enquanto a análise de dados acima abrange a exportação coreana de cosméticos para 74 países durante os períodos de 2005-2013, esta secção concentra a análise na exportação para 9 países da ASEAN nos mesmos períodos. Entre os 10 países membros da ASEAN, o Laos foi excluído porque os dados do Google Trends para o país no período especificado não estão disponíveis. A principal razão pela qual os países da ASEAN são escolhidos para a análise é o facto de a região do Sudeste Asiático ser o local onde a vaga coreana tem sido notoriamente visível e onde a utilização da Internet, incluindo as redes sociais, tem crescido rapidamente ao longo dos anos.

O Quadro 5 apresenta os resultados da estimativa para a exportação coreana de cosméticos para 9 países membros da ASEAN. Tal como no caso da análise de base, são comparados os estimadores Pooled OLS, Pooled OLS com efeitos fixos, efeitos aleatórios, efeitos fixos e PPML. No caso da estimativa PPML, as duas variáveis de distância e PIB coreano são eliminadas para garantir que as estimativas existem.

Os PIBs dos países da ASEAN indicam claramente uma relação positiva e forte com as exportações coreanas de cosméticos, ao passo que o PIB da Coreia apresenta significâncias mistas, dependendo de cada estimador. Os resultados podem ser interpretados no sentido de que, quando se trata da exportação coreana de cosméticos para os países da ASEAN, as condições de procura dos países importadores desempenham um papel mais importante do que as condições dos factores do país exportador.

Tabela 5. Variável dependente:

Log das exportações da ASEAN (OLS, RE, FE), exportações da ASEAN (PPML)

Variável	OLS(1)	OLS(2)	RE	FE	PPML
Ln $_{PIBk}$	1.7112 (1.4261)	0.6541 (1.6366)	1.7126*** (0.5771)	1.4464** (0.6831)	
Ln $_{PIBj}$	0.6821*** (0.1233)	1.7977** (0.7022)	1.0305*** (0.3057)	1.3457*** (0.5014)	1.0801 (1.2553)
Ln Distância	-0.1943 (0.5858)	-8.8183 (10.9982)	-1.1820 (2.3443)		

Tendências Ln	0.5728*** (0.1297)	0.1423* (0.0775)	0.3123*** (0.0646)	0.3027*** (0.0679)	0.1759*** (0.0622)
FTA	-0.6208 (0.5333)	0.5339** (0.2094)	-0.1327 (0.1939)	-0.1458 (0.2028)	0.7283*** (0.1290)
Ln I&D	0.5424 (0.6129)	-0.3699 (0.4306)	0.3242 (0.2340)	0.2043 (0.2844)	-0.4149 (0.8946)
Constantes	-11.3957 (9.7555)	70.3290 (99.6936)	-2.3021 (19.8651)	-11.2496 (3.6903)	4.3147 (3.7664)
Efeitos fixos do importador	Não	Sim	Não	Não	Sim
Efeitos fixos do ano	Não	Sim	Não	Não	Sim
Observações	57	57	57	57	57
R ajustado^2	0.5557	0.9708	0.4805	0.4261	0.9824

*,**,*** denotam significância estatística aos níveis de 90, 95 e 99 por cento, respetivamente.

A variável distância apresenta um sinal negativo, como esperado, mas não indica qualquer importância estatística. Este resultado pode ser facilmente explicado pelo facto de todos os países da ASEAN analisados estarem geograficamente concentrados na mesma região, pelo que a diferenciação da distância é uma tarefa bastante difícil.

A variável ACL apresenta um padrão inconsistente de sinais e significâncias estatísticas, dependendo de cada estimador considerado. Poderá haver várias explicações para o facto de os efeitos dos ACL não se materializarem nas exportações coreanas de cosméticos para o mercado da ASEAN.

Em primeiro lugar, a utilização de uma variável fictícia é uma forma de medição bastante grosseira neste caso. Quando os parceiros comerciais celebram acordos de comércio livre, as taxas pautais de alguns produtos diminuem imediatamente, mas noutras linhas de produtos as taxas pautais diminuem gradualmente ao longo dos anos, de acordo com o calendário acordado. Assim, a variável dummy não pode refletir os efeitos da diminuição gradual das taxas pautais ao longo dos anos.

Em segundo lugar, cada parceiro de ACL tem políticas comerciais e condições de mercado diferentes. É possível que alguns países, mesmo antes de celebrarem um

ACL, já tenham mantido taxas pautais nulas nas linhas de produtos cosméticos. Neste caso, o início de um novo ACL não afecta o volume de comércio de cosméticos. Por conseguinte, a variável dummy ACL não pode representar totalmente o estatuto de abertura do mercado da indústria específica nos países de importação, pelo que o resultado pode ser interpretado tendo em conta esta precaução.

A caraterística mais marcante da análise são os resultados consistentemente positivos e significativos da variável Google Trends em todos os estimadores. É evidente a partir dos resultados que os interesses das pessoas do Sudeste Asiático em conteúdos culturais coreanos afectam o seu comportamento de compra de cosméticos coreanos, ao contrário das pessoas de outras partes do mundo.

Para garantir que não existe causalidade inversa dos resultados acima referidos, é também efectuado o teste de Hausman. A ideia geral do teste de Hausman é a comparação de dois estimadores: um estimador que se sabe ser consistente com outro

que é eficiente sob o pressuposto. Este estudo testa se os estimadores de efeitos fixos e de efeitos aleatórios são significativamente diferentes. O resultado do teste mostra que o qui-quadrado (χ^2) é 1,35 com 5 graus de liberdade, pelo que não se pode rejeitar a hipótese inicial de que as variáveis são adequadamente modeladas por um modelo de efeitos aleatórios.

5. Conclusões

Este estudo utiliza uma nova variável para apresentar alguns dos primeiros dados sobre os efeitos de criação de comércio da vaga coreana na indústria dos cosméticos. A adoção da consulta de pesquisa do Google Trends como variável de substituição da afinidade cultural é uma abordagem nobre. Dado que um número crescente de pessoas em todo o mundo utiliza a Internet para procurar informações ou para fins de entretenimento, a análise das consultas de pesquisa do sítio Web mais popular, o Google, em relação à afinidade cultural parece ser uma tarefa adequada e oportuna no domínio do comércio internacional. A grande vantagem de utilizar as tendências do Google como variável de substituição é que os dados reflectem a evolução dos padrões de comportamento de pesquisa dos utilizadores, ao passo que outras variáveis de substituição em geral são invariáveis no tempo.

Utilizando o modelo gravitacional, este estudo analisou em primeiro lugar os dados da exportação de cosméticos coreanos para 74 países em todo o mundo. Embora as dimensões económicas da Coreia e dos países importadores, a distância geográfica e a presença de acordos de comércio livre apresentem significância estatística, a consulta de pesquisa do Google Trends sobre "drama coreano" não revela uma correlação clara com a exportação de cosméticos coreanos. Quando os países de destino das exportações foram reduzidos a 9 países membros da ASEAN, os resultados mostram fortes indícios de que a onda coreana conduziu efetivamente à exportação de cosméticos coreanos.

O estudo pode ter várias implicações. Em primeiro lugar, para além das variáveis substitutas tradicionais utilizadas no modelo gravitacional para a afinidade cultural, como as línguas comuns, a experiência colonial e os laços étnicos, os dados de consulta das tendências do Google podem tornar-se outra variável substituta importante.

Em segundo lugar, a contribuição da vaga coreana para a exportação de cosméticos coreanos é evidente nos países asiáticos, mas não é clara noutras partes do mundo em geral. Uma vez que a vaga coreana se tem acentuado sobretudo nos países asiáticos e que as exportações de cosméticos para a região também aumentaram drasticamente, a conclusão é coerente com o pressuposto geral.

Em terceiro lugar, os acordos de comércio livre celebrados pela Coreia com muitos países deram frutos na indústria dos cosméticos. Enquanto a vaga coreana contribuiu grandemente para o aumento do consumo no mercado asiático, os ACL são um fator mais importante na exportação de cosméticos para o mercado mundial.

Por último, para além do método de marketing das estrelas, as empresas coreanas de cosméticos podem dar mais ênfase à publicidade através das redes sociais, como o Facebook, o Instagram e o Line, uma vez que os conteúdos culturais têm sido cada vez mais partilhados por pessoas de todo o mundo.

Outras investigações poderiam alargar o método e as conclusões do estudo. Em particular, para além da indústria de cosméticos abrangida por este estudo, podem ser examinadas outras indústrias utilizando proxies do Google Trends. Além disso, para além de "drama coreano", podem ser testadas outras palavras-chave de consulta do Google Trends para encontrar o termo mais adequado de acordo com os temas e objectivos da investigação.

Apêndice: Lista dos países utilizados na análise

Argentina	Hong Kong	Paquistão
Austrália	Hungria	Filipinas
Áustria	Índia	Polónia
Azerbaijão	Indonésia	Portugal
Barém	Irão	Porto Rico
Bangladesh	Irlanda	Qatar
Bélgica	Israel	Roménia
Brasil	Itália	Rússia
Brunei	Japão	Arábia Saudita
Bulgária	Jordânia	Singapura
Camboja	Cazaquistão	República Eslovaca
Canadá	Kuwait	África do Sul
Chile	Líbano	Espanha
China	Lituânia	Sri Lanka
Colômbia	Macau	Suécia
Chipre	Malásia	Suíça
República Checa	México	Taiwan
Dinamarca	Mongólia	Tailândia
Equador	Marrocos	Turquia
Egito	Myanmar	EMIRADOS ÁRABES UNIDOS

Estónia	Nepal	REINO UNIDO
Finlândia	Países Baixos	Ucrânia
França	Nova Zelândia	Estados Unidos
Alemanha	Nigéria	Vietname
Grécia	Noruega	

IV. Cultura, distância e turismo: Um caso de turismo emissor coreano

Esta secção analisa os factores determinantes do turismo emissor coreano, aplicando um modelo gravitacional a 53 países de destino ao longo de 9 anos. Os resultados mostram que o modelo gravitacional explica os fluxos turísticos coreanos de forma tão eficaz como explica os fluxos comerciais. Os fluxos turísticos respondem fortemente às diferenças de preços entre a Coreia e os países de destino e a presença de voos diretos apresenta um sinal positivo com significado estatístico. Quando os países de destino são divididos em dois grupos, OCDE e outros, os turistas coreanos são menos sensíveis aos preços das viagens para os países da OCDE do que para os outros países. A importância do fator distância no turismo ultramarino coreano continua e tem aumentado ao longo dos anos.

1. Introdução

A indústria do turismo tornou-se um dos sectores económicos de maior crescimento e, por isso, cada país tem vindo a competir ferozmente para atrair turistas estrangeiros. De acordo com a Organização Mundial do Turismo das Nações Unidas (OMT), o número de turistas mundiais em 2013 aumentou 5% em relação ao ano anterior, atingindo 1087 milhões, apesar da instabilidade da economia mundial e de todo o tipo de catástrofes, como tufões e terramotos. Além disso, a OMT estima que o montante das receitas do turismo internacional em 2013 é de 1,1 triliões de dólares, o que é quase equivalente ao PIB da Coreia do Sul no mesmo ano.

Dada a importância da indústria do turismo para a economia global, é natural que se procurem os factores determinantes dos fluxos turísticos e os seus impactos económicos. Uma pequena pesquisa sobre a literatura relacionada revela que a maioria dos estudos realizados sobre a relação causal entre o turismo e o crescimento económico se refere aos principais países de destino turístico, como Espanha (Balaguer e Cantavella-Jorda 2002), Grécia (Dritsakis 2004), Turquia (Gunduz e Hatemi-J 2005) e Chipre (Katircioglu 2009) ou a países menos desenvolvidos com potencial de crescimento induzido pelo turismo, como os países africanos (Fayissa *et al* 2007) e os países latino-americanos (Eugenio-Martin *et al* 2004; Brida *et al* 2010).

Os estudos sobre os factores determinantes dos fluxos turísticos são ainda mais numerosos e diversificados. Lim (1999) investigou 100 estudos empíricos publicados anteriormente sobre a procura turística internacional e Song e Li (2008) analisaram os estudos publicados sobre a modelação e a previsão da procura turística desde 2000. Utilizando dados abrangentes sobre o turismo internacional com a abordagem do modelo gravitacional, Culiuc (2014) concluiu que o padrão e os factores determinantes dos fluxos turísticos internacionais são quase idênticos aos dos fluxos comerciais internacionais.

Enquanto a maioria dos estudos de caso sobre o turismo internacional se centra no turismo recetor, o número de estudos sobre o turismo emissor é reduzido. Uma das razões poderá ser a estreita ligação entre as conclusões dos estudos de caso e a sua aplicação política. Os estudos sobre o turismo recetor podem, com facilidade, produzir conhecimentos úteis e implicações políticas, ao passo que os estudos sobre o turismo emissor têm mais dificuldade em ter uma utilização prática. Outra razão para a escassez de estudos de caso sobre o turismo emissor é o facto de os dados sobre os turistas emissores serem mais difíceis de obter do que os dados sobre os turistas receptores. Por exemplo, o governo sul-coreano deixou completamente de recolher informações sobre os turistas emissores desde 2006.

Neste contexto, o presente estudo procura analisar os factores determinantes do turismo emissor sul-coreano, tendo especialmente em conta o fator distância entre a Coreia do Sul e os países de destino. Uma vez que a Coreia do Sul tem estado em défice crónico da balança de pagamentos do turismo nas últimas três décadas, uma análise séria do turismo emissor sul-coreano parece necessária e adequada, tanto em termos de curiosidade intelectual como de implicações políticas.

Mesmo neste tópico de investigação restrito, há alguns estudos anteriores que devem ser mencionados. Lim (2004) investigou os padrões sazonais das chegadas de turistas da Coreia do Sul à Austrália utilizando modelos de séries temporais. Lim concluiu que a procura de turismo internacional por parte da Coreia do Sul é tanto elástica em termos de rendimento como de preço. Mo (2004) utilizou o modelo de volatilidade GARCH para investigar se a volatilidade da taxa de câmbio enfraquecia a procura turística internacional da Coreia do Sul e mostrou que a volatilidade da taxa de câmbio tinha um efeito negativo na procura turística. Seo et al. (2010)

investigaram as relações da procura de turismo emissor da Coreia do Sul entre sete países utilizando o método de causalidade de Granger. Os seus resultados mostram que os destinos de saída mais bem classificados pelos sul-coreanos tinham relações causais unidireccionais ou multidireccionais.

As caraterísticas únicas deste estudo que diferem dos estudos anteriores ou de outros estudos sobre o turismo emissor sul-coreano são as seguintes: em primeiro lugar, a utilização de dados abrangentes que englobam 53 países de destino ao longo de um período de 9 anos; em segundo lugar, a adoção do modelo gravitacional do domínio do comércio internacional; em terceiro lugar, o enfoque especial na alteração do significado do fator distância ao longo do tempo; e, por último, uma consideração especial das questões de seleção de dados.

O documento conclui que o turismo emissor coreano também segue um padrão semelhante ao da análise do modelo gravitacional do comércio internacional. A variável PIB apresenta relações positivas com o número de turistas e a variável distância apresenta fortes relações negativas, tal como esperado. As análises de outras variáveis, como as exportações coreanas para os países de destino, o preço relativo e a presença de voos diretos, também fornecem informações úteis.

A estrutura do presente estudo é construída da seguinte forma. A secção seguinte descreve o turismo emissor coreano e os dados relevantes. A secção 3 explica a metodologia empírica do estudo. A secção 4 discute os resultados empíricos e a última secção conclui.

2. Dados

1989 foi um ano especial para a indústria do turismo coreana, porque o governo coreano flexibilizou completamente as restrições às viagens de lazer ao estrangeiro nesse mesmo ano. O número de turistas coreanos no estrangeiro aumentou 67,3% em 1989, ultrapassando pela primeira vez um milhão. O número aumentou continuamente ao longo dos anos, ultrapassando os cinco milhões em 2000 e os dez milhões em 2005. Depois de 1995, o número de turistas coreanos que saem do país ultrapassou o número de turistas estrangeiros que entram no país, exceto nos períodos de crise financeira asiática de 1998-1999.

No que respeita às receitas do turismo, os dados revelam um padrão semelhante. A

Coreia tem estado em défice crónico desde 1982 até ao presente, com uma breve exceção de 19982000 períodos. De acordo com os dados da OMT, a Coreia ocupa o 14.º lugar em[th] em termos de despesas turísticas, com 21,7 mil milhões de dólares, e o 22.º lugar em[nd] em termos de receitas turísticas, com 14,3 mil milhões de dólares, em 2013.

Figure 1.   Turistas coreanos entrados e saídos: 2004-2013

(unidade: mil pessoas)

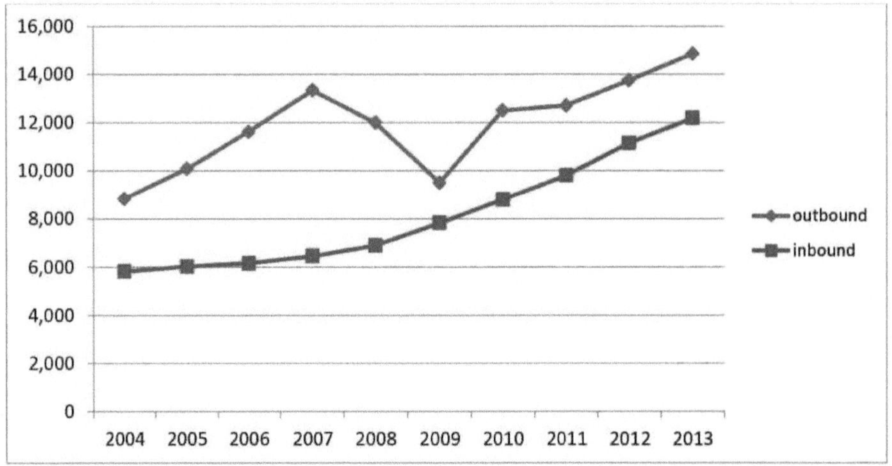

Fonte: Organização de Turismo da Coreia

Figure 2.   Balança de pagamentos coreana no sector do turismo

(unidade: milhões de dólares)

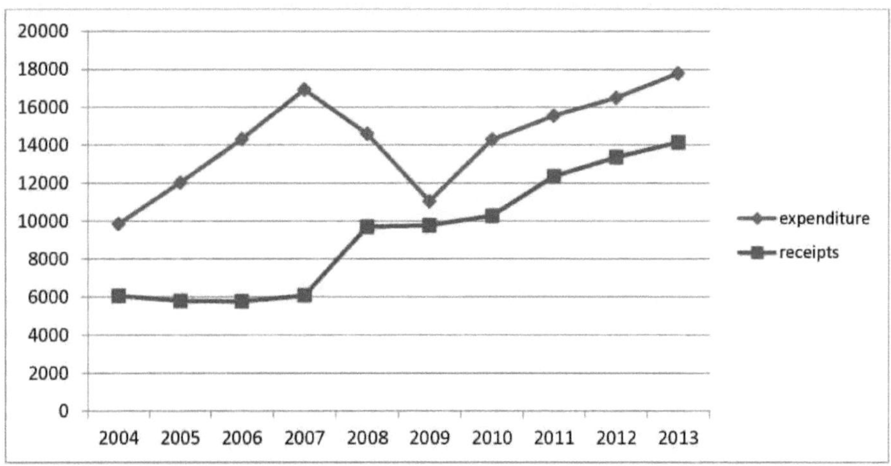

Fonte: Organização de Turismo da Coreia

As figuras 1 e 2 mostram a tendência do turismo coreano em termos de número de turistas e de balança de pagamentos no período 2004-2013. O declínio acentuado do turismo emissor coreano no período 2008-2009 deve-se principalmente à crise financeira mundial e à desvalorização da moeda coreana.

O governo coreano deixou de recolher informações sobre os turistas emissores em 2006, pelo que os dados sobre os turistas emissores coreanos provêm apenas dos países de destino. Quando os países de destino recolhem as informações sobre os turistas entrados, não existe uma forma uniforme de medição equivalente ao desalfandegamento de produtos manufacturados. Alguns países medem as chegadas de turistas à fronteira, mas outros medem as chegadas aos hotéis. As práticas nacionais também diferem em termos de determinação da origem dos turistas; alguns países comunicam as chegadas à fronteira por nacionalidade e outros por residência. A dificuldade de obter informações turísticas exactas é também agravada pelo facto de a maioria dos países, ao publicar os dados sobre as chegadas de turistas, prestar atenção aos países com um grande número de turistas e ignorar os que têm um pequeno número de turistas.

Apesar da dificuldade em obter dados abrangentes sobre o turismo, este estudo analisa os dados de painel dos turistas coreanos que saem do país, fornecidos pela Organização de Turismo da Coreia, que abrangem 53 países de destino durante os períodos de 20042012. É feita uma distinção entre as chegadas de turistas aos países da OCDE e aos restantes países. Esta distinção destina-se a captar as diferenças nos padrões de procura entre os dois grupos de destinos.

No que diz respeito aos preços relativos, como é comum nos estudos sobre a procura turística, este estudo utiliza o Índice de Preços no Consumidor (IPC) relativo dos países de destino em relação ao país de origem, ajustado pela taxa de câmbio relativa, como indicador das diferenças de preços (Naude e Saayman 2005). A fórmula pode ser expressa da seguinte forma,

$$\Pr ice_{od} = Exchange \frac{CPI_d}{CPI_o}$$

em que o representa o país de origem e d o país de destino.

A variável distância representa os custos de deslocação. Uma vez que a distância não mede as alterações nos custos de deslocação ao longo do tempo, são incluídas nas especificações variáveis dummies anuais. Este estudo também mede o impacto da distância no turismo ao longo do tempo, comparando o turismo nos primeiros anos (2004-2006) com os últimos anos (2010-2012). A exportação coreana de bens para países de destino pode ser um indicador de viagens de negócios.

A Tabela 1 apresenta a descrição dos dados relativos a cada variável. Os dados macroeconómicos, como o PIB, o IPC, as taxas de câmbio, o volume de comércio e a taxa de homicídios intencionais, provêm dos Indicadores de Desenvolvimento Mundial. Os dados sobre as exportações coreanas para os países de destino são da Korea International Trade Association (www.kita.net). Os dados sobre a distância, medida em quilómetros, entre a capital coreana, Seul, e as capitais dos países de destino são do sítio Web Mapcrow (www.mapcrow.info).

A presença de voos diretos entre a Coreia e os países de destino, uma variável dummy gravitacional não normalizada, é também introduzida porque se considera que as ligações aéreas diretas têm um impacto positivo no número de chegadas de turistas (Fuji et al. 1992; Tveteras e Roll 2011). Os dados sobre a presença de voos diretos provêm da Korea Airports Corporation (www.airport.co.kr). As variáveis habituais que aparecem na maioria dos estudos sobre o comércio internacional, como os ACL, a língua comum, a colónia, as fronteiras comuns e o isolamento, são excluídas porque este estudo trata dos fluxos turísticos unilaterais da Coreia, pelo que as variáveis acima mencionadas não são relevantes neste caso.

Tabela 1. Descrição dos dados

Variáveis	Obs	Média	Desvio padrão	Min.	Máximo.
Turismo (Número de turistas)	389	285,432.4	671,518	0	4,776,752
PIB_{ot} (montante em $)	477	1,022,778	142,183.4	765,000	1,220,000
PIB_{dt} (montante em $)	477	790,157.3	2,198,658	240	16,200,000
Distância$_{od}$ (km)	477	8,079.1	4,275.9	371.27	18,341.4
Exportação ($ milhões)	477	5,873	15,047.8	2	134,323
Preço	458	440.1	580.3	0.03	2,511.26
Companhia aérea$_{odt}$	477	0.49	0.50	0	1
$Open_{dt}$	477	21.51	148.91	0	1219.74
Homicídio$_t$	477	7.55	11.05	0.2	62.4

3. Estratégia empírica

Este estudo adopta o modelo gravitacional para a análise empírica dos turistas coreanos que saem do país. O modelo gravitacional tem origem nos estudos do comércio internacional e foi também adotado noutros domínios de interesse;

Foram adoptadas equações de gravidade para explicar os padrões de investimento de carteira transfronteiriço (Portes e Rey 2005), as finanças internacionais (Okawa e van Wincoop 2012), o offshoring de serviços (Head et al. 2009) e o investimento direto estrangeiro (Head e Ries 2008; de Sousa e Lochard 2011).

Recentemente, o modelo gravitacional também tem sido utilizado no estudo do turismo internacional. Johan e Santana-Gallego (2011) investigaram os factores determinantes do turismo africano utilizando uma equação gravitacional de painel padrão. Identificaram os factores que impulsionam o turismo africano e intra-africano e concluíram que os determinantes do turismo africano e intra-africano não são muito diferentes dos fluxos turísticos globais.

Archibald et al. (2008) utilizaram um modelo gravitacional para avaliar a competitividade das Caraíbas. Verificaram que a tendência a longo prazo das chegadas de turistas pode ser influenciada pela capacidade do destino e pelo nível de preços em relação ao país de origem e aos destinos concorrentes, bem como pelas flutuações da taxa de câmbio e das tarifas aéreas.

O estudo mais recente e abrangente sobre o turismo internacional utilizando o modelo gravitacional é realizado por Culiuc (2014). Culiuc aplicou o modelo gravitacional a um vasto conjunto de dados que inclui todo o universo de fluxos turísticos bilaterais ao longo de uma década. Os resultados mostram que o modelo gravitacional explica os fluxos turísticos de forma tão eficaz como o comércio de produtos manufacturados.

Desde a sua introdução por Tinbergen (1962), o modelo gravitacional tem sido um instrumento de trabalho para a análise dos fluxos comerciais internacionais. Com a publicação de Eaton e Kortum (2002) e Anderson e van Wincoop (2003), avalia-se que a ideia convencional de que as equações gravitacionais careciam de microfundações foi finalmente rejeitada, uma vez que nenhum dos modelos se baseava na concorrência imperfeita ou em rendimentos crescentes (Head e Mayer 2013).

Ao adotar a equação gravitacional para o turismo internacional, é necessário comparar as direcções dos fluxos de bens (turistas) e de receitas (receitas turísticas). No comércio tradicional, as mercadorias e as receitas deslocam-se uma contra a outra, enquanto os turistas se deslocam para os países de destino e aí efectuam despesas.

Adoptada para o turismo, a equação da gravidade tem a seguinte forma multiplicativa:

$$X_{od} = G S_o M_d \phi_{od}$$

onde X_{od} são os fluxos turísticos de o para d, S_o denota os factores específicos do país de origem, como o PIB, que representam a procura turística total do país de origem e M_d representa as condições dos factores do país de destino. G é uma variável constante que não depende de o ou j. Por último, φ_{od} representa a facilidade de deslocação dos turistas do país de origem para o país de destino.

Tendo em conta a resistência multilateral, Anderson e van Wincoop (2003) mostram que uma equação gravitacional bem especificada e teoricamente fundamentada assume a forma:

$$X_{od} = \frac{Y_o Y_d}{Y}\left(\frac{t_{od}}{\Pi_o P_d}\right)^{1-\sigma}$$

em que Y representa o PIB mundial, Y_o e Y_d os PIBs dos países o e d, respetivamente, t_{od} é o custo em o de viajar para d, $\sigma > 1$ é a elasticidade de substituição e Π_o e P_d representam a facilidade de acesso ao mercado ou os termos de resistência multilateral na origem e no destino.

O procedimento normal para uma estimativa gravitacional consiste em tomar os logaritmos naturais de todas as variáveis e obter uma equação log-liner. Obtém-se assim a seguinte equação de estimação:

$$lnX_{od} = lnG + lnS_o + lnM_d + ln\phi_{od}$$

e mais especificamente no caso do modelo de Anderson e van Wincoop:

$$lnX_{od} = \beta_0 + \beta_1 lnY_o + \beta_2 lnY_d + (1-\sigma)\left(\beta_3 lnt_{od} + \beta_4 ln\Pi_o + \beta_5 lnP_d\right) + \varepsilon_{od}$$

em que β_0 é uma constante e ε é o termo de erro.

Para a análise do turismo emissor coreano, adoptando e modificando a equação anterior, estima-se o seguinte modelo:

$$lnX_{odt} = \beta_0 + \beta_1 lnGDP_{ot} + \beta_2 lnGDP_{dt} + \beta_3 lnDist_{od} + \beta_4 lnExport_{odt} + \beta_5 Price_{odt} + \beta_6 Airline_{odt} + \gamma_d + \delta_t + \varepsilon_{odt}$$

em que o indica o país de origem (Coreia), d o país de destino e t é o tempo; ln denota logaritmos naturais; X_{odt} é o fluxo de turistas coreanos emissores no período t; PIB_{ot} e PIB_{dt} são os PIBs da Coreia e dos países de destino, respetivamente; $Dist_{od}$ é a distância entre a Coreia e os países de destino; $Export_{odt}$ é a exportação coreana para os países de destino; $Price_{odt}$ é o preço relativo ao consumidor do país de destino em relação ao da Coreia, ajustado com as respectivas taxas de câmbio; $Airline_{odt}$ é uma variável dummy que denota a presença de voos diretos da Coreia para o país de destino; y_d e δ_t são efeitos fixos do destino e do ano, respetivamente, e ε_{odt} é um termo de perturbação.

Os Mínimos Quadrados Ordinários (MQO) agrupados são um estimador comummente utilizado para as equações gravíticas de dados em painel. No entanto, o método OLS pode fornecer estimativas inconsistentes e ineficientes se existir heterogeneidade não observada. Neste caso, o estimador de efeitos fixos (EF) fornece melhores estimativas, mas o EF não permite a estimação de variáveis invariantes no tempo. Uma forma de ultrapassar este problema é introduzir efeitos fixos por país para os países de origem e de destino (Kandogan 2008; Head e Mayer 2013).

Para além do OLS, este estudo também aplica o estimador GMM Arellano-Bond para lidar com a dinâmica dos dados de painel. A análise dinâmica de dados de painel pode lidar com problemas decorrentes de variáveis endógenas, tais como caraterísticas do país invariantes no tempo correlacionadas com as variáveis explicativas, e dados de painel com uma dimensão temporal curta e uma dimensão nacional maior (Roodman 2006).

O estimador GMM do sistema Arellano-Bond permite a endogeneidade de algumas variáveis explicativas. Este estudo considera as seguintes variáveis como endógenas: a variável dependente desfasada, os PIB dos países de origem e de destino, as exportações coreanas para os países de destino. Os regressores endógenos desfasados são utilizados como instrumentos e a abertura (volume de comércio em relação ao PIB) dos países de destino é utilizada separadamente como variável de instrumento adicional.

4. Resultados das estimativas

4.1. Resultados de base

Os resultados das estimativas OLS, de efeitos fixos e GMM do sistema Arellano-Bond são apresentados no Quadro 2. O método OLS (1) não inclui efeitos fixos de destino e dummies de ano, enquanto o método OLS (2) inclui todos eles. O R ajustado^2 mostra que o OLS (2) é um estimador muito melhor do que o OLS (1). Os coeficientes de OLS (2) e FE são idênticos, enquanto os erros-padrão são um pouco diferentes entre si.

Os resultados indicam que as chegadas de turistas desfasadas dos anos anteriores, o PIB do país de origem, a distância, as exportações do país de origem para os países de destino, as diferenças de preços e a presença de voos diretos são todos determinantes significativos para o turismo emissor coreano. Enquanto o PIB do país de origem revela importância, o PIB do país de destino não apresenta qualquer significado estatístico, o que sugere que o rendimento do viajante ou a possibilidade de viajar são mais importantes do que as condições de desenvolvimento dos países de destino.

A distância como indicador do custo de deslocação e da proximidade cultural apresenta um sinal negativo e uma significância estatística, como esperado. Existe uma relação estreita entre a distância e a tarifa aérea (McKercher, et al. 2008). Os principais factores de custo das viagens aéreas de longa distância são o combustível e a tripulação de cabina e, uma vez que estes custos operacionais aumentam com a duração do voo, deve existir uma forte relação entre a distância e a tarifa aérea (Tveteras e Roll 2011).

Na perspetiva dos turistas, podem existir factores de atração e de pressão nas viagens de longa e curta distância. Alguns viajantes gostariam de voar mais longe para conhecer culturas estrangeiras exóticas e a natureza (fator de atração), enquanto outros não querem desperdiçar o seu precioso tempo e energia numa viagem tão longa (fator de atração). No fim de se equilibrarem mutuamente, as forças da gravidade são suficientemente fortes no caso do turismo emissor coreano. A variável distância também representa a proximidade cultural. Os países mais próximos tendem a ter mais denominadores culturais comuns do que os países mais afastados (McKercher, et al. 2008).

A variável exportação coreana é um indicador da atividade económica bilateral e, por conseguinte, um controlo do turismo de negócios (Culiuc 2014). Os resultados das regressões mostram que a exportação coreana para os países de destino entra com o sinal positivo esperado e é altamente significativa.

A presença de voos diretos pode reduzir os efeitos negativos da distância nas chegadas de turistas. Tveteras e Roll (2011) testaram se um aumento do nível de conetividade aérea internacional, representado pelo aumento do número de voos de longo curso entre os países de origem e de destino, tem um impacto positivo no número de chegadas de turistas. A sua análise empírica sobre o caso do Peru revela que um aumento do número de partidas de voos internacionais para o Peru tem um efeito positivo acentuado na chegada de turistas. No caso do turismo emissor coreano, a presença de voos diretos apresenta claramente um sinal positivo e um significado estatístico.

Quadro 2. Variável dependente: logaritmo do turista (OLS, FE), turista (GMM)

Variável	OLS		FE	SYS-GMM
	(1)	(2)		
$Turist_{odt-1}$				0.6370*** (0.6570)
$Turist_{odt-2}$				0.1517** (0.0657)
$Ln\ PIB_{ot}$	0.5482 (0.4813)	1.1611*** (0.4464)		0.2026*** (0.0460)
$Ln\ PIB_{dt}$	-0.0005 (0.0446)	0.0377 (0.2586)	0.0377 (0.4903)	0.0025 (0.0069)
$Ln\ Distância_{od}$	-0.7097*** (0.0961)	-1.2056* (0.7060)		-24.0727*** (6.6006)
$Ln\ Export_{odt}$	0.5647*** (0.0489)	0.3244*** (0.1061)	0.3244* (0.1827)	6.5626*** (1.5128)
Preço	-0.0003** (0.0001)	-0.0011*** (0.0002)	-0.0011*** (0.0003)	-24.6431 (41.2577)
$Companhia\ aérea_{odt}$	1.8914*** (0.1655)	0.1607** (0.0776)	0.1607* (0.9615)	
Constantes	4.2701 (6.8785)	2.9021 (5.4693)	7.9341* (4.4022)	
Efeitos fixos do destino	Não	Sim	Não	Não

Efeitos fixos do ano	Não	Sim	Sim	Sim
Observações	380	380	380	281
R ajustado^2	0.7998	0.9872	0.5331	
AR(1)(p-valor)				0.000
AR(2)(p-valor)				0.106
Número de instrumentos				62

****** denotam significância estatística aos níveis de 90, 95 e 99%, respetivamente.

4.2. Diferenciação do destino

Entre os 53 países de destino da amostra, 16 são países membros da OCDE e 37 são os restantes países. Uma vez que as condições de desenvolvimento dos dois grupos, medidas em termos de PIB ou de infra-estruturas, são diferentes, o presente estudo procura avaliar se existe alguma diferença significativa nos factores determinantes do turismo entre os dois grupos de destinos.

O PIB do país de origem, a Coreia, apresenta sinais positivos e um significado estatisticamente forte em ambos os grupos. O PIB do país de destino apresenta sinais negativos em ambos os grupos, sendo que apenas o grupo da OCDE apresenta significado estatístico. As variáveis distância e presença de voos diretos são factores relevantes em ambos os grupos, como esperado.

As diferenças resultam das variáveis relativas às exportações coreanas e aos preços. Embora a análise da exportação coreana no grupo da OCDE não mostre quaisquer resultados significativos, é um fator importante no outro grupo de destino. Do mesmo modo, o fator preço não apresenta significado estatístico no caso das viagens para os países da OCDE, mas indica uma grande importância no caso do outro grupo de destino.

Os resultados podem ser interpretados de várias formas. Em primeiro lugar, a proporção de viagens de negócios é mais importante para o segundo grupo do que para o grupo da OCDE. A segunda implicação é que os turistas coreanos são mais elásticos em relação aos preços quando viajam para os países menos desenvolvidos do que quando viajam para os países ricos.

Quadro 3. Variável dependente: logaritmo do turismo

Variável	OCDE		ETC	
	OLS	FE	OLS	FE
Ln $_{PIBot}$	0.7689*** (0.2927)		2.3115*** (0.7725)	
Ln $_{PIBdt}$	-0.5125** (0.2496)	-0.5125 (0.3700)	-0.3195 (0.3482)	-0.3195 (0.6610)
Ln Distância$_{od}$	-1.2636*** (0.2587)		-1.5582** (0.6316)	
Ln $_{Exportodt}$	0.1297 (0.1065)	0.1297 (0.1583)	0.3541*** (0.1163)	0.3541* (0.1940)
P c^{rie} $_{odt}$	-0.0003 (0.0002)	-0.0003 (0.0003)	-0.0018*** (0.0004)	-0.0018*** (0.0006)
Airiineodt	0.2720*** (0.0880)	0.2720** (0.1247)	0.2686** (0.1149)	0.2686** (0.1150)
Constantes	19.1573*** (3.9056)	17.2678 (4.3543)	-6.7451 (5.6113)	10.8102* (5.7889)
Efeitos fixos do destino	Sim	Não	Sim	Não
Efeitos fixos do ano	Sim	Sim	Sim	Sim
Observações	120	120	260	260
R ajustado^2	0.9879	0.3974	0.9880	0.3639

****** denotam significância estatística aos níveis de 90, 95 e 99%, respetivamente.

4.3. Fator de distância

Com o aumento do número de ligações aéreas de longo curso no mundo, parece natural assumir que o mundo está a ficar mais plano e mais estreito. A distância, enquanto fator de inibição da deslocação dos turistas, deverá tornar-se menos importante ao longo dos anos. No entanto, a variável distância implica não só os custos de viagem, mas também muitos outros factores. A distância pode ser correlacionada com a distância cultural medida pela partilha da língua, da história, da comida, da música, dos programas de televisão, dos costumes, etc. (McKercher, et al. 2008; Park 2014). Viajar para locais onde as diferenças culturais são grandes pode causar stress a alguns viajantes.

O Quadro 4 apresenta os resultados das regressões OLS para dois períodos diferentes. A comparação entre os anos de 2004 e 2012 revela que a importância do fator distância se tornou proeminente com o passar dos anos. O coeficiente de distância para o ano de 2012 é de - 0,9323, que é muito maior do que o do ano de 2004.

As regressões transversais podem produzir estimativas enviesadas e inconsistentes porque podem não ter em consideração a endogeneidade dos regressores. Uma vez que os dados de painel são mais fiáveis do que os dados de secção transversal de um único ano, este estudo também comparou períodos de três anos entre 2004-2006 e 2010-2012.

A experiência de vários anos produz resultados quase idênticos. O resultado do ano 2010-2012 mostra uma significância estatística mais forte para a variável distância do que o resultado do ano 2004-2006. O valor do coeficiente da variável distância em 2010-2012 é também muito maior do que em 2004-2006.

Quadro 4. Variável dependente: logaritmo do turismo

Variável	Ano único (OLS)		Plurianual (OLS)	
	2004	2012	2004-2006	2010-2012
Ln $_{PIBot}$			0.8615 (1.2628)	0.9884 (1.7125)
Ln $_{PIBdt}$	0.1835 (0.2627)	-0.0320 (0.0966)	0.0992 (0.1080)	-0.0355 (0.0525)
Ln Distância$_{od}$	-0.1664 (0.3807)	-0.9323*** (0.2602)	-0.3406* (0.1792)	-0.9353*** (0.1487)
Ln $_{Exportodt}$	0.6237** (0.2712)	0.5013*** (0.0924)	0.5871*** (0.1109)	0.5267 (0.0595)
P C^{rie} $_{odt}$	-0.0012 (0.0008)	7.3900 (0.0002)	-0.0010** (0.0004)	0.0000 (0.0001)
Airl r" Π . Airiineodt	2.3939*** (0.8107)	1.7992*** (0.3478)	2.3002*** (0.3369)	1.5826*** (0.2020)

Constantes	4.6393	14.5688	-4.3679	0.7332
	(4.2342)	(2.3941)	(17.5188)	(24.0939)
Observações	31	49	109	142
R ajustado^2	0.7877	0.8799	0.7994	0.8457

*,**,*** denotam significância estatística aos níveis de 90, 95 e 99 por cento, respetivamente.

Os resultados acima referidos implicam que, até certo ponto, embora a extensão dos voos diretos de longo curso atenue o custo da viagem de longo curso, a distância como fator inibidor de viagens continua a ser forte ao longo dos anos. Quanto à presença de voos diretos, devem também ser consideradas as ligações intensivas (número de cidades) e extensivas (número de países). O número de países estrangeiros ligados à Coreia por voos diretos em 2012 é de 50, dos quais 15 são países asiáticos (30%). Em termos do número de cidades estrangeiras com ligação direta à Coreia no mesmo ano, 80 cidades (52%) do total de 153 cidades estão localizadas na Ásia. Os números acima referidos sugerem que a proximidade geográfica e cultural pode proporcionar mais ligações aéreas entre países próximos do que entre países mais distantes, intensificando as viagens para países vizinhos.

4.4. Questões relacionadas com a seleção de dados

Os estudos mais recentes sobre o comércio internacional levam a sério os dados de comércio zero, porque sem tratar esta questão de forma adequada pode haver um viés de seleção da amostra. Tendo em conta a heterogeneidade das empresas, Helpman et al. (2008) desenvolveram um modelo de comércio internacional que produz uma equação gravitacional com uma correção de Heckman (Heckman 1979).

Esta secção experimenta a mesma aplicação do modelo de seleção de amostras de Heckman para o turismo emissor coreano. Para aplicar o modelo de Heckman, é necessário considerar uma equação de resultados e uma equação de seleção. A equação de resultados assume a forma do modelo gravitacional padrão, mas aplica-se apenas às observações da amostra de estimação:

$$lnX_{od} = \beta_0 + \beta_1 lnY_o + \beta_2 lnY_d + (1 - \sigma)(\beta_3 lnt_{od} + \beta_4 ln\Pi_o + \beta_5 lnP_d) + \varepsilon_{od} \quad if \quad p_{od} > 0$$

$$lnX_{od} = missing \quad if \quad p_{od} \leq 0$$

A variável $_{pod}$ é uma variável latente que pode ser interpretada como a probabilidade de um determinado nível de dados ser incluído na amostra da estimativa. A equação de seleção relaciona a variável latente com um conjunto de variáveis explicativas observadas. Helpman et al. (2008) incluíram a variável regulamentação na equação de seleção, partindo do princípio de que esta afecta a probabilidade de compromisso comercial entre dois países.

Utilizando a variável de homicídio intencional derivada dos Indicadores de Desenvolvimento Mundial e a abertura (volume de comércio em relação ao PIB) dos países de destino como variáveis adicionais, a equação de seleção assume a seguinte forma, em que $_{pod}$ é uma probabilidade latente de seleção e $_{dod}$ é uma variável dummy observada igual à unidade para as observações que estão na amostra e zero para as que não estão.

$$p_{od} = \beta_0 + \beta_1 lnY_o + \beta_2 lnY_d + (1- \sigma)(\beta_3 lnt_{od} + \beta_4 ln\Pi_o + \beta_5 lnP_d) + \beta_6 homicide_d + \beta_7 open_d + \varepsilon_{od}$$

$$d_{od} = 1 \ if \ p_{od} > 0$$

$$d_{od} = 0 \ if \ p_{od} \leq 0$$

O Quadro 5 compara os resultados da estimativa OLS e Heckman em duas fases. Os resultados da equação de resultados de Heckman são muito semelhantes aos resultados do MQO; com exceção do PIB dos países de destino, todas as variáveis apresentam os sinais corretos e significância estatística. No entanto, os resultados globais devem ser considerados com ceticismo porque todas as variáveis da equação de seleção não apresentam significância estatística.

Tabela 5. Variável dependente: logaritmo do turismo

Variável	OLS	Heckman	
		Resultado	Seleção
Ln PIBot	1.1611*** (0.4464)	1.1529*** (0.2450)	63.1737 (294.2630)
Ln PIBdt	0.0377 (0.2586)	0.03912 (0.1332)	-2.7364 (4.4497)

Ln Distância$_{od}$	-1.2056* (0.7060)	-1.2002*** (0.4683)	-8.7793 (483.8857)
Ln Exportodt	0.3244*** (0.1061)	0.3243*** (0.0554)	0.9432 (0.9443)
Preço	-0.0011*** (0.0002)	-0.0011*** (0.0002)	0.0127 (0.0078)
Companhia aérea$_{odt}$	0.1607** (0.0776)	0.1609* (0.0881)	-2.9505 (531.5245)
Homicídio$_{dt}$			0.06041 (0.1429)
Opendt			-4.5453 (3.4372)
Constantes	2.9021 (5.4693)	2.9553 (3.4027)	-752.1639
Efeitos fixos do destino	Sim	Sim	
Efeitos fixos do ano	Sim	Sim	
Observações	380	458	
R ajustado^2	0.9872		
Moinhos lamda		-0.1710 (0.3915)	
Rho		-0.5710	
Sigma		0.2995	

*,**,*** denotam significância estatística aos níveis de 90, 95 e 99 por cento, respetivamente.

Uma possível explicação para este mau resultado é o facto de os dados sobre o turismo não serem adequados para a estimativa de Heckman. Quando as autoridades de turismo dos países de destino recolhem e anunciam a informação sobre a chegada dos turistas, normalmente só o fazem para os países com um número considerável de turistas. Por conseguinte, as condições dos dados relativos ao comércio internacional e ao turismo são diferentes.

5. Conclusões

O documento utiliza o modelo gravitacional para analisar os factores determinantes do turismo emissor coreano, aplicando um conjunto de dados de 53 países de destino durante os períodos de 20042012. O modelo gravitacional explica os fluxos turísticos tão eficazmente como explica os fluxos comerciais. A metodologia empregue incluiu OLS, efeitos fixos, GMM do sistema Arellano-Bond e o estimador de duas fases de Heckman.

Os resultados mostram que, embora o PIB do país de origem (Coreia) seja importante para os fluxos turísticos, os PIBs dos países de destino não têm importância estatística. Os turistas coreanos são sensíveis às diferenças de preços entre a Coreia e os países de destino e a presença de voos diretos contribui para o turismo no estrangeiro. A distância continua a ser um fator de dissuasão do turismo, tal como no caso do comércio.

Quando os países de destino são divididos em dois grupos, OCDE e outros, os turistas coreanos são menos sensíveis ao preço das viagens para os países da OCDE do que para os outros países. Além disso, as exportações coreanas para os países de destino, a variável de substituição para a viagem de negócios, não apresenta qualquer significado estatístico para os países da OCDE, ao passo que revela uma grande importância para os outros países.

As observações acima referidas implicam que, em geral, os coreanos que viajam para os países mais ricos o fazem mais por prazer e estão dispostos a suportar custos de viagem elevados do que os que viajam para países menos desenvolvidos. Por outro lado, os que viajam para países menos desenvolvidos são mais sensíveis aos preços e têm uma maior proporção de viagens de negócios do que os que viajam para países ricos.

O efeito da distância no turismo emissor coreano é comparado em dois períodos; uma comparação anual entre 2004 e 2012 e uma comparação plurianual entre 2004-2006 e 2010-2012. Os resultados mostram que a importância do fator distância no turismo ultramarino coreano nunca desapareceu, mas aumentou ao longo dos anos. O resultado implica que os turistas coreanos viajam para países de destino geográfica e culturalmente mais próximos, como a China, o Japão e os países do

Sudeste Asiático, do que para outras partes remotas do mundo.

Por último, a questão da seleção dos dados foi abordada na última subsecção. Tal como no caso do comércio internacional, o estudo sobre o turismo internacional pode sofrer resultados de estimação enviesados devido à informação nula sobre os turistas. Uma vez que os países de destino apenas recolhem e comunicam informações sobre a chegada de um número considerável de turistas, é difícil definir o conjunto de dados, quer a parte vazia seja zero ou não.

A investigação futura poderia alargar o estudo de caso, comparando a procura turística entre vários países. Além disso, uma investigação futura poderia alargar a análise de modo a abranger outros factores que afectam o turismo internacional, como as infra-estruturas turísticas, os requisitos em matéria de vistos e as atracções culturais.

Apêndice: Lista dos países utilizados na análise

Japão	Índia	Eslováquia
China	Laos	Áustria
Hong Kong	Butão	Finlândia
Tailândia	Jordânia	Canadá
Turquia	Iémen	Estados Unidos
Macau	Seychelles	Jamaica
Vietname	Maurícia	Guatemala
Nepal	Suazilândia	Chile
Sri Lanka	África do Sul	Costa Rica
Chipre	Uganda	Brasil
Israel	Serra Leoa	Equador
Maldivas	Alemanha	Panamá
Malásia	Reino Unido	Peru
Filipinas	Rússia	México

Indonésia	Macedónia	Nova Zelândia
Camboja	Suécia	Austrália
Mongólia	Eslovénia	Fiji
Singapura	Geórgia	

V. Resumo, conclusões e implicações políticas

1. Conclusões do estudo

Os produtos culturais como as séries televisivas, os filmes, a animação e a música têm tido imensa influência nas preferências e gostos das pessoas. Na era dos serviços de redes sociais (SNS) e dos smartphones, o acesso aos bens culturais torna-se mais fácil e, consequentemente, a sua influência nas várias formas de vida é cada vez mais forte. Se antes as telenovelas só podiam ser vistas através de televisores, hoje em dia podem ser facilmente vistas a partir de televisores IP, monitores de computador ou dispositivos móveis ligados a sítios Web que fornecem serviços de streaming instantâneo. Esta tese adoptou um quadro teórico gravitacional para captar as interações dinâmicas do desenvolvimento económico e as influências culturais derivadas do comércio internacional. As principais conclusões são resumidas a seguir;

A súbita ascensão da vaga coreana resultou principalmente de interações dinâmicas entre a proximidade cultural e a sofisticação dos produtos. De acordo com o modelo, os países geograficamente próximos tendem a partilhar heranças e caraterísticas culturais comuns, pelo que têm barreiras mentais relativamente baixas em relação aos produtos culturais uns dos outros.

Outro fator que influencia o comércio de bens culturais é a sofisticação ou a atratividade do produto. Uma vez que é extremamente difícil medir essas qualidades dos produtos utilizando dados quantitativos, este estudo utilizou a dimensão económica como variável de substituição. A lógica subjacente à seleção da variável substituta é que, à medida que a economia de um país cresce e a sociedade se torna rica, a procura de produtos por parte dos consumidores domésticos também aumenta. Para satisfazer este elevado nível de expectativas dos consumidores, os produtos devem também tornar-se mais atractivos e competitivos.

O primeiro artigo sugeria que, uma vez que a Coreia se encontra numa região próxima de países como a China, o Japão, Hong Kong, Taiwan e os países do Sudeste Asiático, é relativamente mais fácil para os produtos culturais coreanos atravessar essas fronteiras do que atravessar as fronteiras de países remotos, quando os seus produtos se tornam altamente sofisticados e competitivos.

O segundo artigo estudou o efeito de difusão comercial da vaga coreana na indústria dos cosméticos. As caraterísticas distintivas do estudo são duas.

Em primeiro lugar, o documento utiliza o índice de consulta do Google Trends com uma palavra-chave "drama coreano" para medir o grau de exposição ou interesse de cada país nos bens culturais coreanos. Uma das vantagens desta abordagem é o facto de ultrapassar a limitação dos dados relativos à exportação da cultura coreana para apenas alguns países e alargar o âmbito a qualquer país onde os dados do Google Trends estejam disponíveis.

Em segundo lugar, o documento investiga os possíveis efeitos da onda coreana na exportação de cosméticos, que podem variar de acordo com os diferentes grupos comerciais, dividindo os países importadores em dois grupos: 74 países em todo o mundo e países membros da ASEAN. Os resultados sugerem que a vaga coreana leva à exportação de cosméticos para países da ASEAN culturalmente próximos, mas mostra uma relação fraca com a exportação de cosméticos para todo o mundo.

O terceiro artigo examina os factores determinantes das deslocações dos turistas coreanos ao estrangeiro. O artigo analisa os dados de painel dos turistas coreanos que saem do país, provenientes da Organização de Turismo da Coreia, que incluem 53 países de destino de 2004 a 2012. As principais conclusões sugerem o seguinte: em primeiro lugar, os turistas coreanos são menos sensíveis aos preços das viagens para os países da OCDE do que para outros países; em segundo lugar, a importância do fator distância no turismo ultramarino coreano nunca desapareceu, mas aumentou continuamente. A segunda conclusão é especialmente significativa do ponto de vista do comércio cultural. A distância como fator de substituição da ligação cultural também pode ser aplicada ao turismo e o resultado do estudo sugere que os turistas coreanos visitam mais frequentemente países vizinhos culturalmente próximos do que países mais distantes.

2. Limitações do estudo e agendas futuras

As caraterísticas mais distintas deste trabalho são os tópicos de estudo autênticos e criativos e a seleção de dados. No entanto, existem ainda algumas áreas que podem ser melhoradas e alargadas, como se segue.

Em primeiro lugar, o estudo centrou-se apenas na exportação coreana de bens culturais e no turismo emissor coreano. Estudos futuros podem examinar casos de outros países.

Em segundo lugar, para ultrapassar as limitações em termos de dados e alargar as áreas de estudo, os estudos futuros podem adotar métodos inovadores de extração de dados, como os "grandes volumes de dados", bem como entrevistas a populações de amostras relacionadas.

Em terceiro lugar, enquanto o segundo documento tratava apenas da indústria dos cosméticos, os estudos futuros podem alargar-se a outras indústrias, como a alimentar, a do vestuário, a dos acessórios e a dos utensílios de cozinha. Além disso, os estudos futuros podem comparar os efeitos de difusão comercial do comércio cultural de produtos parcialmente substituídos com outros produtos.

3. Implicações políticas

Com base na análise da tese até agora efectuada, podem ser sugeridas várias políticas em relação às seguintes partes relevantes: o governo coreano, as indústrias coreanas e os governos estrangeiros.

3.1 O governo coreano

Após o surgimento da vaga coreana, o governo apercebeu-se dos potenciais benefícios económicos que o fenómeno pode trazer e começou a procurar ativamente formas de tirar partido dele. No entanto, o papel do governo deve centrar-se antes em proporcionar e cultivar o ambiente em que as ideias criativas e as artes podem florescer. Por um lado, o governo deve cultivar as condições de mercado livre onde produtos culturais de alta qualidade possam ser continuamente produzidos a partir de competições justas. Por outro lado, o governo deve também prestar assistência a alguns projectos experimentais com elevado potencial, nos quais as agências privadas estão relutantes em participar devido aos elevados riscos ou incertezas envolvidos.

O governo deve também reconhecer as armadilhas do imperialismo cultural e as reacções negativas dos países vizinhos, como a China e o Japão. Por exemplo, o enorme sucesso do drama televisivo "Jewel in the Palace" em 2015 alarmou de tal forma o governo chinês que, a partir daí, os principais canais de televisão chineses deixaram praticamente de transmitir dramas coreanos.

Para atenuar o receio do domínio cultural coreano nos países vizinhos, o governo pode facilitar a cooperação mútua, como a coprodução de bens culturais. De facto, os sectores privados já iniciaram iniciativas nesse sentido. Por exemplo, um grupo musical feminino de sucesso, Miss A, e um famoso grupo musical masculino, EXO, foram criados com cantores chineses como alguns dos seus membros. Além disso, um popular grupo de rapazes, 2MP, tem como um dos seus membros um cantor tailandês-americano, Nichkhun Buck Horvejkul. As produções de séries televisivas e de filmes também registaram um número crescente de co-produções e de investimentos de outros países asiáticos.

Uma vez que os turistas visitam frequentemente países geográfica e culturalmente próximos, o governo deve descobrir e desenvolver os pontos fortes diferenciadores que têm vantagens comparativas em relação aos países vizinhos concorrentes. Por exemplo, após o rápido crescimento do rendimento disponível da população chinesa, o número de turistas chineses que visitam os países vizinhos também cresceu exponencialmente, mas não de forma homogénea. Para garantir o fluxo sustentável de um número tão elevado de turistas, as administrações centrais e locais podem promover sítios turísticos cultural e historicamente interligados com um tema específico. A Coreia já beneficiou da visita de um grande número de turistas asiáticos aos locais onde se desenrolaram famosas séries televisivas como "Winter Sonata", "The 1st Shop of Coffee Prince", "Secret Garden" e "My Love from the Star".

3.2 Indústrias coreanas

Até à data, as indústrias culturais coreanas evoluíram graças a uma assistência governamental astuta e a um elevado nível de concorrência interna. Para tirar partido da vaga coreana e prosseguir o desenvolvimento da indústria cultural, sugerem-se as seguintes medidas.

Em primeiro lugar, a indústria, no seu conjunto, deveria refletir sobre os factores de sucesso dos seus produtos no estrangeiro e esforçar-se por melhorar a qualidade dos seus produtos, em vez de reproduzir a mesma linha de conceitos e enredos. A ascensão e queda da indústria cinematográfica de Hong Kong deveria ser uma boa lição. The Guardian (2011) descreve que a indústria cinematográfica de Hong Kong produziu 238 filmes em 1993, mas seis anos mais tarde, a produção caiu para apenas 40 filmes por ano. Uma das razões que explicam o declínio tão abrupto da indústria cinematográfica de Hong Kong é o facto de, à medida que se investiu mais no cinema, a quantidade de produções ter aumentado e a qualidade ter diminuído. Os temas dos filmes e as personagens começaram a repetir-se e o público acabou por perder a confiança nos filmes de Hong Kong.

Em segundo lugar, à medida que se desenvolvem novos meios de comunicação para a transmissão de séries, filmes e animações, a indústria deve encontrar novas formas de cooperar com vários canais de distribuição. Por exemplo, uma vez que a China regula a importação de séries de teatro estrangeiras e as impede de serem transmitidas nos canais de televisão de horário nobre, a maior parte das séries de teatro coreanas é vendida e vista nos sítios Internet chineses.

Em terceiro lugar, no que respeita à indústria coreana de cosméticos e a outras indústrias de bens de consumo, a ascensão da vaga coreana constitui uma oportunidade de ouro para se aventurarem no mercado global. É necessário desenvolver estratégias para tirar partido do reforço da imagem de marca coreana. É claro que a qualidade dos seus produtos também deve corresponder aos elevados padrões esperados pelos consumidores estrangeiros. A combinação da imagem de marca coreana com produtos de qualidade reforçará a confiança dos consumidores estrangeiros nos produtos "made in Korea".

3.3 Governos e indústrias estrangeiros

A vaga coreana na Ásia é um fenómeno resultante dos laços culturais entre os países asiáticos e das qualidades competitivas dos produtos. Os países estrangeiros podem também retirar ensinamentos e aplicá-los no desenvolvimento das suas indústrias culturais nacionais, que podem também ser competitivas no estrangeiro. Para atingir esse objetivo, sugerem-se as seguintes políticas.

Em primeiro lugar, tal como a sugestão anterior para o governo coreano, a intervenção governamental nas indústrias deve ser limitada. O mercado conhece, por tentativas e erros, as melhores combinações entre o contexto local e os temas universais que podem atrair o público internacional. Demasiada censura e regulamentação governamental sufocam os espíritos artísticos e criativos que são partes essenciais da indústria cultural.

Em segundo lugar, para aprender o know-how das competências e técnicas de produção avançadas, sugere-se a cooperação sob a forma de produções e investimentos em indústrias culturais estrangeiras.

Em terceiro lugar, deve ser restringida uma abordagem demasiado nacionalista. Por um lado, rejeitar cegamente as influências culturais estrangeiras torna a sociedade e o seu povo estagnados. Por outro lado, a produção de conteúdos culturais que ostentam o orgulho nacional extremo à custa do orgulho dos países vizinhos só pode provocar um tiro pela culatra e ressentimento.

Por último, é possível avaliar o caso de sucesso da estratégia coreana de promoção do turismo utilizando a vaga coreana. Uma vez que os conteúdos culturais, quer se trate de séries televisivas ou de filmes, são exportados e apreciados no estrangeiro, as autoridades turísticas podem desenvolver sítios turísticos baseados nos conteúdos culturais para atrair turistas.

VI. Referências

Alexander, Julie (2011). "Produtos de beleza na cultura do mercado asiático", BADM 395 Comportamento do consumidor, Universidade Shepherd.

Andersen, J.E. e E. van Wincoop (2003). "Gravity with Gravitas: a solution to the border puzzle, American Economic Review", 93, 170-92.

Archibald, X., LaCorbiniere, J., e Moore, W. (2008). "Analysis of Tourism Competitiveness in the Caribbean: A Gravity Model Approach", 29.º Seminário Anual de Análise, Departamento de Investigação, Banco Central de Barbados, Barbados.

Askitas, Nikos, e Klaus F. Zimmermann (2009). "Google econometrics and unemployment forecasting", Notas de Investigação do Conselho Alemão para os Dados Sociais e Económicos (RatSWD), 41.

Balaguer, J. e M. Cantavella-Jord'a (2002). "Tourism as a Long-Run Economic Growth Fator: The Spanish Case", Applied Economics, 34: 877884.

Bala, Venkatesh e Long, Ngo Van (2005). "International Trade and Cultural Diversity with Preference Selection", European Journal of Political Economy 21(1), 143-162.

Baldwin, J. E., e Taglioni, D. (2006). "Gravity for Dummies and Dummies for Gravity Equations", NBER Working Paper 12516.

Bangkok Post, "Gangnam vs Kamnan, Apple vs Samsung", 1 de setembro de 2012.

Blum e Goldfarb (2008). "Does the Internet Defy the Law of Gravity?", Journal of International Economics, 70(2), 384-405.

Boisso, Dale, e Michael Ferrantino (1997). "Economic distance, cultural distance, and openness in international trade: Empirical puzzles", Journal of Economic Integration, 456-484.

Brida, J.G., Lanzilotta, B., Lionetti, S. e Risso, W.A. (2010). "Research note: The tourism led growth hypothesis for Uruguay", Tourism Economics, 16(3), pp. 765-771.

Choe, Jong-il e Soon-Chan Park (2008). "An Impact of Cultural Goods Export on Total Goods Export: For Korean Exports towards Japan", Journal of the Korea-Japanese Economics and Management n.º 40.

Choi, Hyunyoung, e Hal Varian (2012). "Predicting the present with google trends",

Economic Record, 88.s1, 2-9.

Combes, Pierre-Philippe, Miren Lafourcade e Thierry Mayer (2005). "The trade-creating effects of business and social networks: evidence from France", Journal of International Economics, 66.1, 1-29.

Culiuc, Alexander (2014). "Determinants of International Tourism", Documento de Trabalho do FMI, WP/14/82.

de Sousa, J., Lochard, J. (2011). "Does the Single Currency Affect Foreign Diret Investment?", The Scandinavian Journal of Economics 113 (3), 553578.

Disdier, Anne-Célia, e Keith Head (2008). "The puzzling persistence of the distance effect on bilateral trade", The Review of Economics and statistics, 90.1, 37-48.

Disdier, Anne Celia, Silvio H.T. Tai, Lionel Fontagne e Thierry Mayer (2010). "Bilateral Trade of Cultural Goods", Review of World Economics, Springer, vol.145, 575-595.

Dritsakis, N. (2004). "Tourism as a long-run economic growth fator: an empirical investigation for Greece using a causality analysis", Tourism Economics, 10, 305-316.

Eaton, J., Kortum, S., (2002). "Technology, Geography, and Trade", Econometrica 70 (5), 1741-1779.

Eichengreen, Barry, e Douglas A. Irwin (1998). "The role of history in bilateral trade flows", The regionalization of the world economy, University of Chicago Press, 33-62.

Eugenio-MaiTin, J., N. Morales e R. Scarpa (2004). "Tourism and Economic Growth in Latin American Countries: A Panel Data Approach", Nota de Lavoro 26, 2004, http://ssrn.com/abstract=504482.

Eun Mee Kim e Jiwon Ryoo (2007). "South Korean Culture Goes Global: K-Pop and the Korean Wave", Korean Social Science Journal XXXIV No. 1, 117-152.

Eysenbach, Gunther (2006). "Infodemiology: tracking flu-related searches on the web for syndromic surveillance", Actas do Simpósio Anual da AMIA. Vol. 2006, Associação Americana de Informática Médica.

Fayissa, B., Nsiah, C. e Tadasse, B. (2007). "The Impact of Tourism on Economic Growth and Development in Africa", MTSU Department of Economics and Finance Working Papers, agosto de 2007.

Feenstra, R. C. (2004). "Advanced International Trade: Theory and Evidence", Princeton University Press, Princeton, New Jersey.

Fourie, J. Santana-Gallego, M. (2011). "The determinants of African Tourism", Economic Research Southern Africa, Working Papers 260.

Fujii, Edwin, Eric Im e James Mak (1992). "The Economics of Diret Flights", Journal of Transport Economics and Policy, maio: 185-195.

Gabriel J. Felbermayr e Farid Toubal (2010). "Cultural Proximity and Trade", European Economic Review 54(2), 279-293.

Ginsberg, Jeremy, et al (2009). "Detecting influenza epidemics using search engine query data", Nature, 457.7232, 1012-1014.

Grossman, G. M. (1998). "Comment", in Frankel J.A. (ed), The Regionalization of the World Economy, NBER Project Report, The University of Chicago Press.

Grunfeld, L. e Moxnes, A (2003). "The Intangible Globalisation: Explaining Patterns of International Trade in Services", Norwegian Institute of International Affairs Paper, n.º 657.

Gunduz, L. e A. Hatemi-J (2005). "Is the Tourism-Led Growth Hypothesis valid for Turkey?", Applied Economics Letters, 12: 499-504.

Head, Keith e Mayer, Thierry (2014). "Equações de gravidade: Workhorse,Toolkit, and Cookbook" em Helpman, Elhanan, Kenneth Rogoff e Gita Gopinath, eds., Handbook of International Economics, volume 4, 131-195.

Head, K., Mayer, T., Ries, J. (2009). "How remote is the offshoring threat?", European Economic Review 53 (4), 429-444.

Head, K., Ries, J. (2008). "FDI as an Outcome of the Market for Corporate Control: Theory and Evidence", Journal of International Economics 74 (1), 220.

Helpman, Elhanan e Krugman, Paul (1985). "Market Structure and Foreign Trade", Cambridge, MA: MIT.

Helpman, E., Melitz, M., Rubinstein, Y. (2008). "Estimating Trade Flows: Trading Partners and Trading Volumes", Quarterly Journal of Economics 123 (2), 441-487.

Heckman, J. J. (1979). "Sample selection as a specification error", Econometrica, Vol. 47, No. 1, pp. 153-161

Janeba, Eckhard (2004). "International Trade and Cultural Identity", National Bureau of Economic Research Working Paper No. 10426 (abril).

Kang, Chan-Koo (2012). "The Cosmetics Industry Adopts a High-Tech Makeover", Seri Quarterly, julho, 99-103.

Kandogan, Y. (2008). "Consistent Estimates of Regional Blocs, Trade Effects", Review of International Economics 162: 301-314.

Kang, Han-Gyun (2009). "An Economic Effect of Korean Cultural Contents on Korea's Exports and FDI in Southeast Asian Countries", Journal of Korea Trade Research n.º 34-1.

Katircioglu, S. (2009). "Tourism, Trade and Growth: The Case of Cyprus", Applied Economics, Vol. 41, No. 19-21, pp. 2741-2750.

Kim, Jeong-Gon, e Se-Young Ahn (2012). "An empirical study on effects of Korea's cultural exports", Journal of Korea Trade, 16.2, 25-48.

Kimura, F. e Lee, H.-H. (2004). "The Gravity Equation in International Trade in Services", documento apresentado na Conferência do Grupo de Estudo do Comércio Europeu, 9-11 de setembro de 2004, Nottingham.

Organização de Turismo da Coreia, "Korean outbound tourist statistics: 2014 September".

Agência de Conteúdos Criativos da Coreia. "Relatório sobre as estatísticas da indústria de conteúdos", recuperado em 5 de março de 2015.

Serviço de Alfândega da Coreia. "Estatísticas de exportação de cosméticos da Coreia", recuperado em 16 de abril de 2015.

Instituto de Desenvolvimento da Indústria da Saúde da Coreia. "Estatísticas de exportação de cosméticos da Coreia". Recuperado em 15 de abril de 2015.

Comissão de Comunicações da Coreia. "Report on broadcasting industry:

20012011", consultado em 2 de setembro de 2013.

Associação de Comércio Internacional da Coreia. "Korean export statistics", consultado a 9 de março de 2014.

Ministério dos Negócios Estrangeiros da Coreia. "Overseas compatriot situation report (2011)", consultado em 7 de março de 214.

Organização de Turismo da Coreia. "Korea tourist statistics: 2009-2011", consultado a 20 de outubro de 2013.

Leamer, Edward E., e James Levinsohn (1995). "International trade theory: the evidence", Handbook of international economics 3, 1339-1394.

Lejour, A. e de Paiva Verheijden, J.-W. (2004). "Services Trade Within Canada and the European Union: What do They Have in Common?", CPB Discussion Paper, No. 42.

Li, Eric PH, et al (2008). "Skin lightening and beauty in four Asian cultures", Advances in consumer research, 35, 444-449.

Lim, C. (1999). "A Meta-analysis review of international tourism demand", Journal of Travel Research, 37, 273-84.

Lim, C. (2004). "The major determinants of Korean outbound travel to Australia", Mathematics and Computers in Simulation, 64, 477-485.

McCallum, John (1995). "National Borders Matter: Canada-U.S. Regional Trade Patterns", American Economic Review, 85(3), pp. 615-623.

McKercher, B., Chan, A. & Lam, C. (2008). "The impact of distance on International tourist movements", Journal of Travel Research, 47(2), 208-224.

Melitz, Jacques (2008). "Language and foreign trade", European Economic Review, 52.4, 667-699.

Michael L. Katz e Carl Shapiro (1985). "Network Externalities, Competition, and Compatibility", The American Economic Review, Vol. 75, No. 3, 424-440.

Miroudot, Sébastien, Jehan Sauvage e Ben Shepherd (2013). "Measuring the cost of international trade in services", World Trade Review, 12.04, 719735.

Mo, Soo-Won (2004). "Exchange Rate Volatility and Outbound Tourism Demand:

Evidence from Korea", Journal of Tourism Sciences, Volume 27

Número 4, 147-162 (em coreano)

Naude, W. A., e Saayman, A. (2005). "Determinants of tourist arrivals in Africa: a panel data regression analysis", Tourism Economics, 11, 365-391.

Obstfeld, Maurice e Kenneth Rogoff (2000), "The Six Major Puzzles in International Macroeconomics: Is There a Common Cause?" in B.S. Bernanke e K. Rogoff, eds. NBER Macroeconomics Annual 2000. Cambridge, MA: MIT Press, 339-390.

Okawa, Y. & Van Wincoop, E. (2010). "Gravity in international finance", Documento de Trabalho do HKIMR n.º 07/2010.

Park, Young Seaon (2014). "Trade in Cultural Goods: A Case of the Korean Wave in Asia", Journal of East Asian Economic Integration, 18.1, 83-107.

Portes, Richard, e Helene Rey (2005). "The Determinants of Cross-Border Equity Transaction Flows", Journal of International Economics 65: 269-296.

Rauch, James E., e Vitor Trindade (2002). "Ethnic Chinese networks in international trade", Review of Economics and Statistics, 84.1, 116-130.

Rauch, J. E. (1996). "Trade and Search: Social Capital, Soga Sosha and Spillovers", documento de trabalho 5618 do NBER.

Rauch, J. E. (1999). "Network Versus Markets in International Trade", Journal of International Economics 48, 7-35.

Rauch, J.E. e V. Trindade (2005). "Neckties in the tropics: A model of international trade and cultural diversity", NBER Working Paper 11890.

Redding, S., Venables, T. (2004). "Economic Geography and International Inequality", Journal of International Economics 62 (1), 53|82.

Roodman D. (2006). "How to do Xtabond2: an introduction to difference and system GMM in stata", Documento de discussão, SSRN

Rose, Andrew K (2000). "One money, one market: the effect of common currencies on trade", Economic policy 15.30, 08-45.

Santos Silva, J. M. C., e Tenreyro, S. (2006). "The Log of Gravity", Review of Economics and Statistics, 88(4), 641-658.

Santos Silva, J. M. C., e Tenreyro, S. (2011). "Further Simulation Evidence on the Performance of the Poisson Pseudo-maximum likelihood Estimator", Economic Letters, 112, 220-222.

Seo, J. H., Park, S. Y., & Boo, S. (2010). "Interrelationships among Korean outbound tourism demand: Granger causality analysis", Tourism Economics, 16(3), 597-610.

Shepherd, Ben (2013). "O modelo gravitacional do comércio internacional: A user guide", publicação das Nações Unidas. Banguecoque.

Song, H., & Li, G. (2008). "Tourism demand modelling and forecasting - A review of recent research", Tourism Management, 29 (2), 203-220.

Soonchan Park, Jong Il Choe (2009). "The Trade Creation Effects of Hallyu", Instituto de Investigação Económica do Banco da Coreia: Análise Económica, 15.1.

Steve Suranovic e Robert Winthrop (2005). "Cultural Effects of Trade Liberalization", Universidade George Washington, Mimeo.

Stigler, George J., e Gary S. Becker (1977). "De gustibus non est disputandum", The American economic review, 76-90.

The Guardian, "Back in action: the fall and rise of Hong Kong film", 13 de setembro de 2011.

Tinbergen, J. (1962). "Shaping the World Economy: Suggestions for an International Economic Policy", Nova Iorque: Twentieth Century Fund.

Tveteras, Sigbjorn e H.Roll, Kristin (2011). "Long-haul flights and tourist arrivals", MPRA Paper No. 32157.

Wagner, Don, Keith Head e John Ries (2002). "Immigration and the Trade of Provinces", Scottish Journal of Political Economy 49.5, 507-525.

Wikipédia, 'Economics of the arts and literature', consultado em 27 de outubro de 2012, http://en.wikipedia.org/wiki/Economics_of_the_arts_and_literature

Organização Mundial do Turismo (UNWTO). 2014. Destaques do Turismo 2014. http://dtxtq4w60xqpw.cloudfront.net/sites/all/files/pdf/unwto_highlights14_en_ hr_0.pdf (Acedido a 3 de novembro de 2014)

More
Books!

info@omniscriptum.com
www.omniscriptum.com

OMNIScriptum

Printed by Books on Demand GmbH, Norderstedt / Germany